无限交谈

贺桂梅 访谈录

He Guimei　Interviews

中国视野与
人文学的想象力

贺桂梅 著

李浴洋 主编

山东画报出版社

济南

图书在版编目（CIP）数据

贺桂梅访谈录：中国视野与人文学的想象力 / 贺桂梅著. —— 济南：山东画报出版社, 2025. 3. —— (无限交谈 / 李浴洋主编). —— ISBN 978-7-5474-4660-7

Ⅰ. K825.6

中国国家版本馆CIP数据核字第2024MM8189号

HEGUIMEI FANGTAN LU: ZHONGGUO SHIYE YU RENWEN XUE DE XIANGXIANGLI

贺桂梅访谈录：中国视野与人文学的想象力

贺桂梅　著

选题策划　王一诺
责任编辑　马　赛
封面设计　徐　潇
版式设计　王　芳　张智颖

主管单位　山东出版传媒股份有限公司
出版发行　山东画报出版社
　　社　　址　济南市市中区舜耕路517号　　邮编　250003
　　电　　话　总编室（0531）82098472
　　　　　　　市场部（0531）82098461
　　网　　址　http://www.hbcbs.com.cn
　　电子信箱　hbcb@sdpress.com.cn
印　　刷　济南龙玺印刷有限公司
规　　格　148毫米×210毫米　32开
　　　　　7.25印张　180千字
版　　次　2025年3月第1版
印　　次　2025年3月第1次印刷
书　　号　ISBN 978-7-5474-4660-7
定　　价　52.00元

如有印装质量问题，请与出版社总编室联系更换。

2019 年，在文化研究国际学术研讨会上，戴锦华摄

我认为文学既不是出发点，

也不是标准，

而是各种因素构成的表达媒介，

所以需要我们从跨越学科的综合性人文视野中对它做出阐释，

而又不忽视其自身的特点。

我曾经把这种特点概括为"人文学的想象力"。

1995 年，北大女生
宿舍

1997 年，和父母亲

1996 年春天，北大燕南园

1996 年读硕士时，在北大校园

1998 年师门聚会

前排左起：陈顺馨、洪子诚；

后排左起：贺桂梅、胡续东、周瓒、冷霜

2003 年，海南会议

2018 年，和朋友毛尖、张炼红在上海郊区

2021 年，与乐黛云老师在北大中文系门前

总　序

李浴洋

　　1979 年，历史学家唐德刚回顾自己二十余年前为胡适做口述自传时的经历，感慨胡适与之对话的"老实"，进而提出了对于"对话"这一文体的认识——

　　"对话"（dialogue）比"讲课"（lecture）更有价值，原是世界学术史上的通例。古代的圣哲如孔子、孟子、苏格拉底、释迦、耶稣、穆罕默德等都是述而不作的。他们的哲学和教义，多半是当时听众和弟子们，从对话中笔记或默记下来的。苏格拉底固有其有名的《对话录》传于后世；而儒教"经书"中的《论语》《檀弓》等著作，又何尝不是孔子的"对话录"呢？而这些对话录就远比其他"经书"更有价值。主要的原因便是"对话录"所记的往往都是些脱口而出的老实话，不像那些三思而后言的"讲学""说教"等的官腔官调也。①

　　唐德刚揭示了在中外古典学术史、思想史与文学史上"对话"的渊源有自。进入现代，这一传统继续发扬。无论是艾克曼的《歌德谈话录》，还是唐德刚本人的《胡适口述自传》，都可谓此中"名著"。而晚近借助制作手段与传播技术的突飞猛进，"对话"的发展也一日千里，并且更为普及。更为关键的是，"对话"不再仅是一种记录形式，本身也实现了方法自觉，从而成为史学、文学、社会学、人类学、传播学、心理学与医学等学科积累知识的重要手段之一。能够"通过研究者和受访者之间的互动而产生知识"已经是诸多学科的共识。②

　　强调"研究者与受访者之间的互动"的"对话"，称之为"访谈"更加准确。如果不拘泥于"对话""对谈""访谈""访问"等具体称谓，那么各种形式的"对话"（以及三人谈、多人谈）都可以归入"产生知识"的"访谈"之列。而"访谈"产生的又何止"知识"？只要是足够认真、开放、"老实"的"互动"，思想、精神与趣味也大可以于焉生成。

　　上承古典而又富新变的是专业访谈。但必须承认，是新闻媒介的发达既为"访谈"（主要是新闻访谈）创造了极大的便利与需求，

----

①唐德刚：《胡适口述自传》，传记文学出版社1883年版，第7页。

②［丹］斯文·布林克曼、斯泰纳尔·克韦尔著，曲鑫译：《访谈（第二版）》，格致出版社2020年版，第12页。

同时还在相当程度上影响了人们的接受习惯与文体意识。专业访谈当然与新闻访谈有别，不过在契合现代社会与现代心灵方面二者却并无二致，甚至专业访谈还凭借其锐利、深刻、生动与灵活更胜一筹。于是可以看到，在林林总总的著述体例中原本并不十分显眼的"访谈"，如今宛若一支"轻骑兵"，在中文思想现场与大众阅读生活中异军突起。"《巴黎评论》'作家访谈'"系列引进的成功，《把自己作为方法——与项飙谈话》的备受欢迎，便是例证。

与新闻访谈大都围绕一时、一事展开不同，专业访谈往往更具系统性与纵深感。好的访谈不但有"学"有"思"，还能够见"文"见"人"。好的访谈亦是"文章"，既需要"出口成章"的积淀与才情，也得用心与用力经营。好的访谈更来自作者（访谈人与受访者相互成就）的个人关怀、立场与魅力的支撑。在这一意义上，好的访谈一定是有个性的，也必然是充满人性的。这与访谈的本质乃是一种人与人的精神交流直接相关。

道理的阐发、观点的碰撞，为的是达成更为全面与有效的认识；思想的对话、灵魂的共振，为的是形成更具洞见与理性的价值。人与人的精神交流可以不避剑走偏锋，但要有共同的底线，也可以鲜明秉持自家立场，只是不宜丧失同理心与共情力。所有这些，都是自由思想与自由表达的前提，是得以"无限交谈"的基础。唯有秉持对于"无限"的信心、热情、追求与保证，"交谈"才能真正有质有量地进行。作为一种文体的"访谈"，其自觉的形态应当是一种自由的思想方式与表达方式。以"交谈无限"，创造"无限交谈"。

"无限交谈"语出法国思想家莫里斯·布朗肖。批评家黄子平曾以此解说 20 世纪 80 年代活跃的文化气象："题目与文章的蓬勃涌流，正源于那些年的'无限交谈'。"①其"同时代人"、学者陈平原日后也不断追怀那份思想与文化的"热火朝天"的景象"背后的大时代"②。而今重提"无限交谈"，并且将之落实到"访谈"这一文体的建设上，自是对于 80 年代的致意，更是希望重建某种舍我其谁的担当气度与真正自信的开放精神。

唐德刚所谓的"老实"，"无限交谈"彰显的"自由"，其实都指向了"访谈"之"真"。这是一种"真的人"面对"真的问题"与"真的经验"发出的"真的声音"。基于学养，出自识见，本乎良知，成于访谈，这固然是一种理想状态。如果能够采撷如是声音荟萃呈现，岂不似星光，如炬火？

"无限交谈"丛书即循此策划。一人一书，一书一题。丛书选择以"人"为中心，邀请在各自专业领域内确有真知灼见，同时又兼具公共情怀的知识分子参与。各卷访谈对象不仅是专家，更需"能说会道"——善于运用访谈进行思想表达。而每卷围绕一个主题展开，相对集中地收录作者历年就此所做访谈，则是希望在保留文体的生动性与开放性的前提下，还能够凸显其治学、深思的主要成果与最大特色。至于具体形式是访谈，是对话，是口述，并不作严格限定。

知识性、思想性、趣味性与生长性并美，是丛书的立意与用心。

---

① 黄子平：《文本及其不满》，译林出版社 2020 年版，第 35 页。

② 陈平原：《小书背后的大时代——从〈二十世纪中国文学三人谈·漫说文化〉说起》，载《读书》2016 年第 9 期。

访谈固然是某种意义上的"草稿"，但其中蕴含的能量不容小觑，可能比成型的著作更加生气淋漓，带给读者更为多元的启示。访谈也许只是"补白"，不过与高头典章相比，更具短兵相接的特点，能够把背后的真性情、真忧患与真关怀和盘托出。经由各抒己见，可以"众声喧哗"。而通过和而不同，通向一种更为整全也更具人文理想的精神图景，更是我们由衷期待的。

感谢山东画报出版社与王一诺女士、马赛女士的支持。

2023 年 10 月 16 日，京西芙蓉里

导 言

人文学的生成之境与方法

感谢"无限交流"丛书主编李浴洋和山东画报出版社，使我能有机会以访谈录的形式编这样一本小书。以答问形式形成的文字与学术写作有很大不同。访谈的特点，在于对话性和直白性，重心不在观点的阐释和论证，而更多是面向专业以外的读者进行解释和说明。读者感兴趣的，不仅是观点，也是提出观点的人。出于这样的考虑，我选择用七篇访谈来呈现我的学术路径和已有研究的基本格局。

七篇访谈的内容大致是：第一篇总体地介绍我的研究领域和主要问题序列，包括代际意识、研究经历和代表性著作的思路。第二篇访谈主要介绍我在北大中文系的学术训练和主要研究领域，可以作为第一篇的某种补充和深入。第七篇是新近完成的学术反思，主要介绍已有的研究格局和关注的核心问题，也有关于未来研究计划的简单设想，这和第一篇之间构成了一定的对话关系，也考虑可以做到首尾呼应。中间的四篇主要讨论我的三本著作和相关研究领域。第三篇围绕《"新启蒙"知识档案：80年代中国文化研究》，谈我对20世纪80年代中国文化研究的理解和主要观点；第四篇是在《"新启蒙"知识档案：80年代中国文化研究》修订再版之际，主要围绕性别研究和80年代研究的相关问题，重新讨论"人文学的想象力"；第五篇主要谈《时间的叠印：作为思想者的现当代作家》一书的观点和思路；第六篇围绕《书写"中国气派"：当代文学与民族形式建构》，选入我和汪晖、毛尖三人的对谈，三人之间既有对话和提升，也有微妙的争论，故全文收录。

文章的编排有意识地凸显了我的个人研究风格及其形成过程。这并不是要做一种自恋式的展示，而是更想将自我历史化，把我的学术道路放在更大的社会历史结构和语境中做出阶段性总结。关注自我的初衷，其实是要"以自我为方法"，既反思自己研究风格的生成方式，也思考个人与历史、社会之间更好地互动的可能性。虽然"代际"并不是能够涵盖个人能动性的有效路径，但这也是一种将自我放在社会变化、历史传承格局中加以思考的必要方式。因此，本书多处谈及"70后"身份，这可以作为一种思考自我与历史互动关系的方法。书后的附录，没有做一般的学术发表年表，而是编写了一份"学术纪事"，记录成长过程中，那些对我的思想和研究产生过影响的事件。这也可以视为一种关于自我的"创作"。有兴趣的读者，不仅可以看到我作为一个研究者的成长过程，也可以看到生成我的研究的当代中国的部分历史。

这是一个"自我"与"历史"的耦合、博弈和转化、创造的过程。每个个体都会在生活中生长出自我的独特面貌，同时，每个个体也只能在她/他生活的时代条件下创造自我。马克思说："人们自己创造自己的历史，但是他们并不是随心所欲地创造，并不是在他们自己选定的条件下创造，而是在直接碰到的、既定的、从过去承继下来的条件下创造。"这种视野对于思考人类的大历史适用，对于思考自我的小历史也同样适用。某种意义上，这也是我反复提及并不断思考的"人文学的想象力"的实质性内涵。

"想象力"意味着在感性所触的此刻、此在之外，看见与之同处一个关系结构中的更多因素。王铭铭谓之"人文生境"。既可以说是"人文"生成了"境"，也可以说是"人文"生成于"境"。看不见这个"境"，就无法更准确地理解"人文"，也无法思考人的能动性实践如何创造历史。对于文学与思想文化研究而言，这也具有一种方法论的意义。我们如果不能将所探讨的文学问题与思想文化问题置于同一个结构性场域，不能看到决定着文学与思想文化既有样态的生成之境，我们就无法展开批判性的学术研究和思想探索。

而从更为历史化乃至大卫·哈维所说的"历史—地理唯物主义"角度，来思考当代中国与文学研究的问题，这个"境"更多地指向"中国视野"。这不是说只关注中国而不关注世界，更不是说只关注民族主义意识形态意义上的中国研究，而是说，作为20—21世纪之交的中国研究者，我们需要自觉地意识到自己脚下站立的土地和根基，由此出发才能展开更有效的思考。如何理解中国，以及如何理解中国现实与历史所创造的我与我们，或许是 21 世纪的今天，人文研究者最需要思考的问题，也是最急迫的需要"打开"的视野。不理解中国视野，就无法理解乃至创造世界。

出于这样的考虑，我将这本小书命名为《中国视野与人文学的想象力》。这既意味着思考人文学的想象力如何拓展中国研究的视野，也可以理解为如何从中国视野中生成新的人文学的想象力。这是对我过去研究的主要问题序列的某种概括，也是对未来研究方向的某种期许。

我的专业基础是文学研究，但我的风格是将文学问题放在思想文化的场域中展开讨论，因此，我更愿意将我的研究称为从人文学角度展开的"中国研究"。从文学到思想文化到人文学再到中国研究，这一过程离不开想象力的跳跃和拓展，同时，无论这种想象力如何宽广，我始终知道，它都将是一种立足中国、由中国出发的思考视野。这不是说我拒绝那种世界性的形而上议题，而是我意识到，这是我作为一个当代中国的人文研究者的"宿命"（"直接碰到的、既定的、从过去继承下来的条件"），也是全部的可能性（"创造历史"）。

目　录

中国视野·当代经验·文学方法

访谈人：李浴洋 [1]

"既内且外"的"70后"代际经验

李浴洋： 您凭借自己在中国当代文学史、思想史以及晚近二十年间的文化现象研究等领域的成就，被视为"70后"（人文）学者的重要代表。您的自选集《打开文学的视野》正是"身份共同体·70后作家大系"中"文学评论卷"的一部。当然，对于一位学者而言，不应完全依据代际标签对其做出评价，但我发现，与"老三届"和"80后"高度自觉的自我意识相比，夹在中间的"70后"一代的形象其实是相对模糊的。所以我们不妨就从您的这一身份特征开始今天的访谈。

贺桂梅： 无论在文学界还是学术界，"70后"前有在20世纪80年代文化舞台上亮相并且叱咤风云多年的"50后""60后"学

---

① 李浴洋，北京师范大学文学院讲师。

者——他们是我们的师长辈，后有早早出台、气势夺人的"80后"甚至"90后"——他们是我们的学生辈。夹在两个自我意识高涨的代群之间，确如你所说，"70后"一代的身份意识和主体面貌是比较模糊的。

就我个人的经验来说，我对自己的代际身份有一个"延迟"发现的过程。我从20世纪90年代初期进入大学，然后慢慢有机会发表论文，并且有幸在许多场合作为"新生代"发言，但当时并没有"代际"这种意识。

我第一次意识到"70后"这个身份的某种有效性，在2010年左右，当时《南方文坛》杂志和中国作协在华东师范大学举办了一场关于梁鸿的《中国在梁庄》与"70后"批评家的讨论会。在那次会议上，我见到了许多只闻其名、不识其人的同龄学者，也在上海见了没来参会的朋友。和这些同龄人同在一个会场，我忽然意识到，原来我们是"同代人"：同在20世纪70年代出生，同为青少年经历80年代这个文学的"黄金时代"，同样在90年代进入大学读书，然后在这样的时刻，我们都已年过而立，身为已不年轻的"新生代"学人发出声音。那次会议讨论的一些话题，让我发现原来我们的问题和困惑也是接近的。不过这些还只是朦胧的感触，大家都还没有自觉的代群意识，更不要说因为这种意识而结成怎样的小团体。印象比较深的一个细节，是我们"北京团"的几个人坐同一趟飞机到达上海，彼此却没有联络。到机场去接我们的《南方文坛》主编张燕玲老师，看着我们散兵游勇一样陆续出站，开玩笑说："你们'70后'真的都是些'个人主义者'啊！"估计张燕玲老师见惯了80年代文坛成群结队、"拉帮结伙"的"群居"风气，对于我们这些"穴居"的"学院派"，感到有些匪夷所思。

李浴洋：您以"散兵游勇"描述"70后"，十分形象。其实，作为"70后"学者，更为重要的也许不是建构某种群体意识，而是要对自身的代际经验产生自觉。那么，您所谓的这一"延迟"的发现过程，最终是怎样完成的？

贺桂梅：上海会议让我想到在自己孤独的学术旅程中，其实有许多同龄人，他们和我分享共同的文化记忆，我们有着相近的人生经历，并在这样的时刻有着相近的学术体验与人生感悟。这种感觉无论如何都会让人觉得心中有一份暖意，并生出去了解和认识自己伙伴的热情。

那次会议结束后，《南方文坛》邀请参会者进行了一次"70后"批评家笔谈，我在短文中表达了自己对文学研究及同代人的一些看法。后来，我也为刘复生、毛尖两个同龄人写过评论文章。大概2016年的时候，孟繁华老师邀我参与"身份共同体·70后作家大系"，于是有了《打开文学的视野》这本自选集。作为"50后"的孟繁华在丛书的总序中表达了他对"70后"的看法，既有对我们这一代好像要登上历史舞台中心的期许，也有对我们这一代面目比较模糊的隐隐失望。我当时还给他写信，表示不大同意他对代际做过于切实的理解，虽然他以前辈般的宽容把我们第一次集体推向了文坛。当时还说等书出来后，做一个"50后"和"70后"的对谈。不过事情总是这样，想法很多，真正实践的却很少，这个计划最后不了了之。

我在这里描述自己对代际身份的发现过程，并不是要印证学界对于代际的一般看法。代际、代沟、代群这种社会学的描述方式，追溯起来其实源自第二次世界大战之后美国的社会学界，从社会结构变化上是美国战后"婴儿潮"及这一代人登上历史舞台，而在学术理论上则是米尔斯等社会学家相关著作的热销。李泽厚在1979年出版的《中国近代思想史论》中首次提出"20世纪中国六代知识分子"这一说法之后，代际的说法被20世纪80年代的中国文化界自然地接受下来，成为一种分析知识群体与社会结构关系的普遍方法。使用代际区分最普遍的是电影界，先有"第四代""第五代"的说法，然后倒着推出了"第三代"，顺着推出"第六代"。

李浴洋：您认为代际差异是自然而然的吗？具体到您来说，意识到自己的"70后"身份意味着什么？它又在多大程度上可能转化成为一种学术视野与思想方法？

贺桂梅："代际"并不是自然的社会人群的划分方法，代际区分的有效性，需要至少两个条件：就客观条件而言，是一种比较大的、波及较多人群的社会结构性变化。在20世纪80年代的中国，代际区分之所以有效，客观方面的原因是当代中国的重要社会运动、政治实践等，造就了同龄或相近人群的共同遭遇，比如"文革"期间的"上山下乡"运动、当代历史上的"反右"运动、20世纪70年代后期恢复高考制度，以及80年代高等教育学院体制的恢复与扩张等，这些才是造就80年代人才辈出的客观历史条件。对于我们"70后"而言，实际上也有造就这种代际识别的客观社会条件，就是说，在我们长大成人的过程中，中国社会也发生了一些结构性的变化。比如我们出生的 70 年代，正是"文革"的尾声，所以一般"70后"大致对"文革"和社会主义革命有模糊的童年记忆，而我们的青少年时代经历的则是 80 年代的改革开放，因此我们都有"文学黄金时代"的经验和感受，同时觉得"主角不是我"，主角是我们的师长辈。另外我发现，因为 80 年代也是中国城市化进程发展最激烈的时期，而我们"70后"的大部分人小时候都有乡村生活经验，因此我们可以说是在中国城乡关系发生结构性转变中长大的一代人。这也是我们与作为"独生子女一代""都市化一代"的"80后"不一样的地方。对于"70后"学者而言，我们共同的最重要的经验是，我们都在 20 世纪 90 年代进入大学，受过相应的学院学术训练，因此，90 年代中国的学院知识体制与思想氛围，其实是我们作为"学者"成长的重要背景。就我个人的体验来说，我们在精神和自我意识上好像更亲近 80 年代，但我们的知识结构、学术谱系和思想诉求其实是在 90 年代的知识界和学院体制中形成的。

代际身份的形成，客观条件只是外在的必要条件，更重要的是需要有主观体认和自我意识，这就是一种感觉自己生活在"历史"中、领会"历史塑造了我"的主体自觉。在同样的结构性社会变动塑造的人群中，并不是所有人都有代际意识，只有那些对自我与历史、个我与社会结构、个人与时代有着自觉的反思诉求的人，才会领会到"一代人"的存在，并以此去召唤、组织自己的"同时代人"。在这个意义上，代际身份是一种高度主观化的实践性身份认同。在代际身份的认同意识上，包含了两个层面的精神活动：其一是个人如何超越自我意识的限定，而认识到塑造了自己的社会历史结构的存在。就我的体验而言，意识到"代"的存在，也是超越个人主义而领会自己生活在历史中的时刻。这使我们看待问题、分析问题的视野变得比较开阔，而不会总是拘囿于一己悲欢。对我而言，这是与"中年意识"同时到来的。可能人年轻的时候，总是比较关心自己，情感动机和思想意识都比较自恋。看见他人的过程，其实是一个忘记自我的过程，也是一个能够在更开阔的社会与历史格局中恰当地评价自己、定位自己的过程吧。这时谈论问题的方式、分析问题的基本思路都会与以前有所不同。意识到那些塑造了你自己的社会、文化、历史结构，也同样塑造了他人，这是一种悲欣交集的体验。

不过，代际意识也并非仅仅是这样一个简单的否定过程，我认为意识到自己如何被历史塑造，还包含了另一个层面的精神活动，就是看到自己这一代人的局限，同时意识到其他代群的特点，从而从一种更具总体性的历史视野中分析和讨论当代中国的社会文化问题。从经验上来看，代际意识和身份的形成常常是对抗性的或表演性的，说我跟你不是同"代"人，往往意味着要从"你们"那里争取属于"我们"的权利。我所理解的代际意识不是这样一种"身份政治"。相反，由于意识到塑造代际身份和意识的总体性社会结构，我们更加需要强调的不是代群之间的差异乃至撕裂，而是在超代际的共同体意识中如何直面中国社会的问题。人类社会的传承关系，始终包含了这种代际之间的合作和沟通。领会了这一点，也许我们能更宽容地看待不同时代和不同人群之间的分别。特别是在面对当代中国的文化问题时，这种既内且外的代际身份意识，我觉得可以使我们在讨论问题时更具当代性的整体视野和对自己学术研究限度的自觉意识。

20世纪90年代的文化理论与"开悟"时刻

李浴洋：刚才您谈到，包括您在内的"70后"学者更加亲近20世纪80年代，但知识结构、学术谱系和思想诉求其实是在20世纪90年代的知识界和学院体制中形成的。是否可以这样概括：您置身其中的90年代构成了您的学术思想的某种"原点"？

贺桂梅：你的这种判断很准确，20世纪90年代确实构成了我学术思想乃至整个学术研究的某种原点。我是1989年考入北大，军训一年后，次年才到北大中文系入学，然后读完本科、硕士、博士，2000年留校任教。我的十年求学生涯刚好与整个90年代的历史重叠，我也亲身参与、见证或体验了90年代人文知识界许多重要的文化事件。

比如90年代文学界第一个重要的文化事件，是"后新时期"概念的提出、"人文精神"与"后现代主义"的论争。"后新时期"概念的主要提出者张颐武老师，是北大中文系当代文学教研室的老师。1993年秋天，我还是大学三年级的小本科生，选修了他的一门课，课名忘记了，好像是"'后新时期'批评研究"。我那时还是一个热衷于存在主义诗学和浪漫主义纯文学观念的学生，张颐武老师的解构主义思路大大地刺激了我。我一边觉得他怎么可以这么谈论我心目中那些"神圣"的事物，另一边又觉得"原来如此"：神圣之物是这么被构建起来的。我现在还记得当时的心情，既有智识被开启的喜悦，也有原先信奉的文学观、价值观被打破的紧张乃至某种被"亵渎"的感觉。我在那次课上提交的作业，是用解构主义的方法重读"新时期"文学的开篇之作，即刘心武的《班主任》。那简直可以说是一个启蒙主义的我与解构主义的我互相交战的结果，我第一次体味到了学术研究的精神愉悦感。那篇文章被张颐武老师从一堆学生作业中挑选出来，推荐到《文艺争鸣》杂志发表了，这是我正式发表的第一篇学术论文，也是我所有学术工作的起点。

又比如，我在 1994—1997 年读硕士研究生期间，开始参与女性文学批评。1995 年第四届世界妇女大会在北京顺义召开，在文学界、学术界、媒体界等形成了一个不小的热点，称之为社会热潮也不过分。我开始读王安忆、铁凝、林白、陈染、徐小斌、徐坤等人的小说，开始在戴锦华老师开设的女性文学和女性电影课上接触女性主义理论，并意识到自己的性别经验与学术研究之间的内在关联。大概在 1995 年，洪子诚老师开设了一门"当代文学专题"的讨论课，研讨 90 年代新出现的文学与批评现象。我在那门课上选择的是女性文学问题，尝试用女性主义理论解读 90 年代"女性文学热"中的作家作品。这种热点问题研究当然也容易获得发表的机会，这是我接下来在《东方》《北京文学》《文艺报》等杂志报纸发表了几篇女性文学论文的契机。我的硕士毕业论文也是以 90 年代女性文学作为选题。此后，虽然时有断续，但女性文学与性别研究却一直是我研究的一个主题。我在 90 年代后期参与中央电视台《20 世纪中国女性史》专题片的撰稿，2004年起开始参与中国丁玲研究会的工作，2006年申报"女性镜像与当代中国的主体认同"课题，2006年开始持续开设"20世纪中国女性文学经典"课程等，这些都是这一脉络的研究的展开和推进。

李浴洋：正如"存在主义"与"纯文学"观念在20世纪80年代风行并且成为时代标识一样，"后现代主义"与"女性主义"的兴起也是20世纪90年代极具征候的文化事件。您与它们的相遇尽管首先是个体生命层面上的"邂逅"，但似乎也可以昭示学术思想潮流的变迁。

贺桂梅：我个人这种带有偶然性的与后现代主义、女性主义文化理论的相遇经验，回过头来想，实际上很能代表20世纪90年代学术与思想氛围的特点。"女性文学"这个概念以及女性主义理论虽然最早是在20世纪80年代提出的，但90年代的"女性文学热"却突破了80年代新启蒙思潮中的"大写的人"的观念，而意在用性别理论解构对人的抽象理解。"后现代主义"这个概念及其理论脉络在90年代虽然很含糊芜杂，但拆解80年代式的人性观和文学观，却是一种相对普遍的诉求。这种总体性的时代思想氛围落实在个人体验中，其实都是既含混又明确的。

90年代人文知识界讨论的问题，几乎都是从80年代生发出来的，但同时失去了原有的共识，而使"论争""论战"成为90年代学术思想推进的一种普遍形式。如果说80年代人文学术是以"思潮"的形式推进的话，那么90年代则是以这种共识的自我分裂、自我争战的形式展开的。从 90 年代初期 "后新时期" "80 年代终结" 与 "学术规范" 问题的提出，接着是 "人文精神" 与 "后现代主义"、保守主义与启蒙主义的论争，然后是 "女性文学热" "新市民文学" 等多元身份的提出，波及范围最广、影响最为深远的是 90 年代后期 "新左派" 与 "自由派" 的论战……这些都构成了我在 90 年代求学生涯中或深或浅介入的文化事件。不过在当时，我并没有 "生活在历史中" 的自觉意识，反而以为那是非常个人化的经验和记忆。

正是在这样的过程中，我们在 90 年代的学院中成长的一代人已经开始有意无意地从 80 年代的文化意识中挣脱出来了，一方面试图更客观更学术地分析 80 年代，另一方面又无意识地保留着那个年代的理想主义与浪漫主义精神。如果要说原点的话，我认为我们 "70 后" 研究者就是从这里出发的。

李浴洋： 也就是说，对于 20 世纪 90 年代的文化氛围以及那样一种区别于 20 世纪 80 年代学术思想方式的自觉领会，真正赋予了您以主体性与方向感？如果借用您的说法，那么 90 年代可谓是您的 "知识档案" 的重要来源？

贺桂梅： 从对 20 世纪 80 年代文学与文化问题的关注而引出的解构主义意识，实际上全面地更新了我的知识谱系。20 世纪 90 年代成长起来的以 "70 后" 为代表的学者，与此前在 80 年代成长起来的学者存在重要差别，知识结构和理论谱系上的变化的确是一个很重要的原因。代表性的文化理论家如米歇尔·福柯、路易·阿尔都塞、安东尼奥·葛兰西、瓦尔特·本雅明、西蒙娜·德·波伏娃、弗雷德里克·詹姆逊、爱德华·W.萨义德、雷蒙德·威廉斯、特里·伊格尔顿等，他们的研究成果构成了我们的基本理论武器。这些通常被称为"西方马克思主义"或"文化马克思主义"的理论家的著作，大多在80年代中后期开始被译介到中国知识界，然后在90年代我们求学的年代，有一个相关理论的堪称系统的翻译工程。与其说我们选择了这些理论，不如说是这些理论选择了我们。我个人的学习过程，主要是在与戴锦华老师的交往中完成的，我一边听她的课，另一边也参与她在北大组织的"文化研究工作坊"。我那时非常自觉地将这个学习过程称为"语言学转型"。西方马克思主义的文化唯物主义基本思路、对语言的意义建构过程的关注，使我得以从主导80年代的带有实证主义、浪漫主义、启蒙主义基本倾向的知识谱系中摆脱出来。

李浴洋：出版于20世纪末的《批评的增长与危机》，是您的第一部著作。这是一本研究20世纪90年代文学批评的专著，是您"回到"历史现场为这一时代所作的见证与剖析。不过在过去这些年间，您似乎很少主动提及这部处女作？

贺桂梅：20世纪90年代可以说是一个对20世纪80年代展开自我否定、自我批判的文化时期。《批评的增长与危机》实际上就带有这样一种反思与批判的诉求，但写这本书的动机和过程却比较偶然。当时的情形是，我1997年进入博士研究生学习阶段，那时我对女性文学批评有一种"厌倦"心态，觉得单纯就性别谈性别、仅仅关注女性作家的文学作品，难以触摸更大的历史文化问题。于是在进入博士阶段后，我有意识地离开当代文学批评而转向文学史研究，并从知识结构上努力地完成"语言学转型"。正在这时，中国社科院的杨匡汉老师主编一套名为"90年代文学观察"的大型丛书，稿约传递到我的导师洪子诚老师那里，洪老师问我有没有意愿写一本有关90年代文学批评的书。我那时因为有一种反思性地探讨90年代文学与文化的想法，就不自量力地接下了这个题目，试图对90年代的文学批评实践与批评话语做一次学术性清理。我在一年时间内对各种批评文章和事件做了一次"地毯式轰炸"，然后决定从批评家类型、历史意识、人文价值的冲突、文化批评和文学史研究等几个方面勾勒90年代文学批评的图景。这就是《批评的增长与危机》这本书。

作为我正式出版的第一本学术著作，这本书的幼稚和粗糙是不待言的，我在很多场合都不愿意提这本书，而更愿意说2003年出版的《转折的时代：40—50年代作家研究》，认为这才是我的第一本学术著作。但是，正是通过《批评的增长与危机》的写作，我较为全面地了解了90年代文学批评的展开过程和大致轮廓。更重要的是，这本书使我第一次认真地考虑这样的问题：作为一个当代文学与文化的研究者，我的主体姿态、立场和位置到底在哪里？面对庞杂的研究资料，我开始懂得了书写历史并不是一个客观呈现的行为，而是经由写作者的筛选和判断而形成历史叙述的过程。那么，我的研究工作的意义是什么？我区别于其他人，区别于学界前辈的独特性在哪里呢？

1998年夏天，在《批评的增长与危机》临近交稿的时候，这是最困扰我的问题。我常常处在惶惑、茫然中，同时感到自己将步入另一种精神体验，但一切都影影绰绰、难以言说。正在这时候，我此前在研究生阶段偶然认识的韩国朋友白元淡来北京找我。她那时已经留在韩国圣公会大学任教，并有意探索一种沟通中、韩、日三国批判知识分子的历史经验和思想工作的交流形式。那个夏天，我们经常见面，或在书店，或在咖啡馆，或在我家里就着简单的饭菜边吃边聊。我们谈论的话题既是私人性的个人成长经验，也是历史性的两国80年代和90年代的知识界状况。那些一次次的深谈，既像是基于友谊的私人交流，又像是基于学术的严肃探讨，极大地开阔了我的视野，使我像是忽然意识到我怎样生活在历史中以及当代中国的历史如何塑造了我。

如果说每个人从事学术研究与文学写作都会有一个自我"觉悟"的时刻，我认为我的开悟时刻就在完成《批评的增长与危机》的那个夏天。我仿佛真正找到了学术研究之于自己安身立命的血肉关联。想到从事学术研究实际上是一个在历史中认识自我的过程，这构成了我当时写作的最大精神动力，也从此使我真正步入了学术研究这个领域。1998年夏天实际上也是我需要确定自己博士论文选题的时间，既是出于清理自己与80年代历史的关系的考量，也是出于选定一个能够打开文学与思想历史关系的研究题目的设想，我决定以"80年代文学与五四传统"作为自己的博士论文题目。当时完全没有考虑自己对五四传统和现代思想史、五四接受史、80年代文学思想等都缺乏相应的研究准备，几乎是仅凭一时之勇，就定下了这个大难题。接着是艰难的、几乎昏天黑地的博士论文写作过程，然后是完成博士论文答辩，最后我却决心把论文全部推翻重来。所以真正完成这个题目，是在十年之后，这就是 2010 年出版的《"新启蒙"知识档案：20 世纪 80 年代文化研究》。

作为"有用的历史资源"的 20 世纪 80 年代

李浴洋：您曾经说过，在写作《批评的增长与危机》时发现很多问题都是从 20 世纪 80 年代生长和延伸出来的，因此也想在做完 20 世纪 90 年代之后继续深入研究一下 80 年代。循此完成的《"新启蒙"知识档案：80 年代中国文化研究》是一部力作，我相信您在学界更加为人所知大概也与这本书直接相关。您的精彩论述当然是一方面原因，但除此以外，就在您开始系统研究 80 年代的时候，"80 年代研究"也成为学界普遍瞩目与着力的焦点，这自然也使得您的成果更加"可见"与"亟须"。那么，您是如何看待"80 年代研究"作为一个学术思想事件的出现与展开的？

贺桂梅：20 世纪 80 年代历史与文学研究事实上从"新时期"开启到现在可以说都是一个热点，只是不同时期看待这段历史与文学的态度并不相同。与"新时期"同步展开的 80 年代文学批评，实际上是"新时期"历史意识与文化建构的一个组成部分，也就是说人们讨论 80 年代的批评话语和理论语言是与文学创作采取同样的价值观与历史态度。因此，在 80 年代几乎可以说只有关于"新时期"的文学批评而没有相关的文学史研究。

对 80 年代进行历史化的文学史研究和思想史研究，可以说是从 20 世纪 90 年代开始的。这也与 90 年代知识界的分化直接相关，一部分人坚持认为 80 年代的启蒙主义思潮所塑造的文学观、人性观、现代观，并没有随着 80 年代结束而结束，而是在 90 年代继续推进；另一部分人则认为，90 年代的历史语境和所需的理论语言已经不同于 80 年代，需要在反思 80 年代的基础上创造新的批评语言和研究理论。这两种态度的分化是 90 年代几乎所有文化论争的根源。事实上，文学史研究意义上的"80 年代文学研究"是到 90 年代中后期才开始出现的。这种把 80 年代文学史化的努力，主要表现在 1999 年出版的两部文学史著作，即洪子诚老师的《中国当代文学史》和陈思和老师主编的《中国当代文学史教程》，但两者的历史态度和基本思路并不相同。这两部当代文学史的代表性著作，实际上标志着 80 年代所信奉的"当代文学不能写'史'"观念的结束，而使当代文学正式开始作为一种学术研究对象和专业方向得到深入发展。

与当代文学研究领域的这种变化相关，90 年代思想界新出现的研究领域，比如陈平原老师等代表的学术史研究，汪晖、钱理群等老师代表的思想史研究，戴锦华、王晓明等老师代表的文化研究，特别是 90 年代知识界的"新左派"与"自由派"的论战，事实上都在以某种方式尝试把 80 年代从"现实"转变为一种历史研究、思想探索的"对象"。这也就意味着学者要从 80 年代塑造的知识体制和历史意识中摆脱出来，在更宏阔的当代中国、20 世纪中国视野中重新思考 80 年代。这是 90 年代文化界提出"重返 80 年代"的基本初衷。

　　探询 90 年代中国学术发展和文化实践的道路，为什么需要从"重返 80 年代"开始？是因为 80 年代塑造的有关文学、人性、中国、现代等知识形态，已经成为一种普遍性的新常识。这一套大致可以称为"新启蒙主义"的知识体制，并不被人们视为特定的"知识"，而被视为普遍的"价值"。由此在很大程度上造成了知识与现实之间的脱节状态，即人们不是以一种分析性的社会现实阐释作为学术研究的前提，而是从一套抽象的价值观出发来对社会现实做出意识形态化的判断。80—90 年代之交中国社会的剧烈转变，事实上对 80 年代的新启蒙主流话语提出了巨大的挑战，人们普遍感到 80 年代的话语失效了，同时又不能很好地解释问题产生的原因。这是构成当代知识界深刻分裂的根源性问题，这样的问题在今天也没有得到很好的解决。

　　李浴洋：您刚才说到，您的 20 世纪 80 年代研究经历了一个从博士论文《80 年代文学与五四传统》到毕业十年以后才出版的《"新启蒙"知识档案：80 年代中国文化研究》的过程。这是一个怎样的过程呢？

　　贺桂梅：我作为在 20 世纪 90 年代学院体制和思想氛围中成长起来的一代人，一方面下意识地认同许多人对 20 世纪 80 年代的种种理想化描述，对于 80 年代的文化英雄前辈们总是持一种仰慕心态；另一方面，亲身经历的当代语境又使我意识到 80 年代话语的某种无效或失效。因此，我在 90 年代后期选定《80 年代文学与五四传统》作为自己的博士论文题目，初衷也是想通过对"五四"

和"80年代"这两个被视为20世纪的启蒙时代的清理，来反思性地呈现80年代文学如何塑造自己的历史意识。所以我的问题意识一开始就不是要论证两个时期的关联性，我关注的是这种关联性是如何确立的。这事实上已经带有一种知识考古学的解构意识在其中了。不过正如前面提到的，由于知识准备不足，更重要的是并不存在本源性的"五四传统"，80年代文学也不是铁板一块，因此博士论文做得不伦不类，我自己非常不满意。于是，我在完成博士论文答辩，开始正式进入学术这个行当之后，决定将之前的写作推倒重来，将研究重心放在80年代，以六个文学思潮（即人道主义、现代主义、寻根、"文化热"、重写文学史、纯文学）作为研究对象，整体性地探讨塑造80年代文化意识的知识谱系。

从《80年代文学与五四传统》到《"新启蒙"知识档案：80年代中国文化研究》，越来越明确地凸显的是一种知识考古学与知识谱系学的研究思路。也就是说，我关注的焦点是那些被视为价值观、常识乃至情感结构的时代意识是以怎样的知识形态表达自身的，并且如何被这些"知识"所构造。我在书中把这种方法称为"知识社会学"，这既是借鉴了德国社会学家卡尔·曼海姆的说法，也是我融汇文化研究和文化理论去尝试探索的一种研究思路，即重新建立知识与社会、思想与现实之间的关联，进而把80年代那些普泛性的大概念，比如"文学""人性""中国""现代"等，还原到特定的历史语境中，呈现当时人们理解它们的具体方式以及这种知识实践所达到的意识形态效果。我到今天仍然认为这种研究思路是有效的。从最朴素的意义上来说，这也是经典马克思主义与西方马克思主义都在探索的一种"文化唯物主义"的研究思路，即相信人类的思想与文化实践总是特定历史语境和社会条件下的产物。"知识"可能是我从福柯、阿尔都塞、萨义德等人那里学到的一个冷冰冰的概念，但我们如果要把握一个时代的文化和思想，同时又想超越那种简单地将思想与社会语境直接对应的庸俗的社会学方法，对80年代知识形态和知识体制的分析，反而是我们能够接近80年代文化意识的一种物质性媒介。

"知识"这一概念的凸显，表明我所做的是一种反思性的历史清理工作。不过，对于80年代这样一个主体精神如此高扬，并且其知识在很长时间内还被视为有效的价值观的时期，这种文化唯物主义的清理工作会带有较大的"冒犯性"。去告诉人们"你相信的价值，比如人性、文学性、现代性，不过是特定历史语境下的一种知识构造"，这就等于说他们的信仰和价值观不纯粹，对于许多历史当事人来说尤其如此。比如我遇到的对我这本书的最大反应，就是说我怎么做这么冷冰冰的知识操作，没有呈现那个时代人们的精神状态。这当然是这本书的一个问题。不过，如果我的目的就是要呈现精神意识及其表达自身的知识形态的话，那么这种指责不能不说是一种苛求。

我认为关键是首先要从80年代文化意识内挣脱出来，跳出来考察这种意识如何被历史地构造。我采取的办法是结合宏观和微观两个层面展开研究。宏观的层面是对80年代的中国文化做一种空间化的处理，即从一种横向的全球视野和纵向的文化交往中考察80年代中国的地缘政治空间，以及这种空间所能包容的最大话语边界；微观层面则以六个主要思潮来考察那些塑造了80年代文化意识的关键范畴表述自身的基本叙述方式和意识形态策略。

李浴洋：《"新启蒙"知识档案：80年代中国文化研究》已是20世纪80年代研究的经典著作，2021年又出版了第2版。与初版相比，这一新的版本不仅对于文字表述进行了集中润色，还调整与改写了部分章节，使之更趋完善。而从2010年到2021年，这十年间学界对于80年代的研究也在不断推进与发展。在您看来，80年代研究还有哪些需要面对与清理的问题？

贺桂梅：《"新启蒙"知识档案：80年代中国文化研究》总体上还是偏向于一种大的话语脉络的清理，每一个思潮具体的细部分析都还有许多可以继续深入的地方。比如文本细读这个方面，这本书采取的方法是将思潮波及的所有史料文本化，包括文学作品、批评文章、理论文章、文化事件等，虽然也关注到文学作品叙事的复杂性，不过由于篇幅的限制，对文学文本的解读并不是很深入。而事实上，一种思潮能够形成，一些"宣言性"的批评或理论文章固然值得关注，但对文学作品叙事需要做更复杂的处理。文学作品既有思潮共有的东西，也有溢出思潮主流的因素，包含着许多自我解构、自我辩解的暧昧成分。简单地将文学文本视为"思潮"的一个组成部分无疑是不够深入的。如果可能，其实值得就20世纪80年代思潮中那些最具代表性的文学作品做更细致深入的文本重读，那样可以更立体地呈现一个时期精神面貌的纵深度。

又比如对80年代的不同时段都值得做更深入的分析。《"新启蒙"知识档案：80 年代中国文化研究》主要讨论的是 1983—1987 年这个时段的"新启蒙"思潮，虽然也照顾到之前 1970—1980 年的转折期和之后 1980—1990 年的断裂期，不过，书中对这两个时期没有做更深入的处理。我最近读到几篇博士论文都在重新处理 1970—1980 年这个从社会主义革命到"新时期"的转折期的话语连续性问题，我认为这将会对理解 80 年代前中期的历史复杂性，并在当代中国的整体视野中重新理解 80 年代，提供非常好的研究视角和思路。

还有一种值得提及和展开的思路是，包括我的《"新启蒙"知识档案：80 年代中国文化研究》在内，目前学界有关 80 年代的研究大多局限于知识分子阶层的文化视野，有意无意地预设了一种知识分子的主观视角。虽然知识分子群体是 80 年代历史与文化变革的主角，但绝不能说 80 年代的历史就是知识分子群体的历史。我们应当跳出知识分子的阶层限制，既考察这个时期国家的文化政策、社会组织和文学体制的建构，也关注普通大众喜欢的流行文化。特别是 80 年代的电影、电视剧、流行歌曲、畅销小说、评书、宣传画、朗诵诗等，那才是塑造一个时期的"情感结构"的主要文化实践。最近毛尖的电视剧评论集《凛冬将至：电视剧笔记》出版，作为 20 世纪 70 年代出生的人，毛尖和我都意识到，其实 80 年代是电视机开始在中国社会普及的时期，这个时期播放的国产剧以及引进的港剧、日剧等，都已经成了我们这代人的集体记忆。

现在又一个十年过去了，从 80 年代文化意识中"跳出来"，似乎已经成为某种常态。这大致是以两种形式发生的。一种是当事人的自我历史化，这包括查建英主编的《八十年代访谈录》，李陀、北岛主编的《七十年代》，以及其他一些访谈录、回忆录等回顾性的自我反思的成果。这种反思与研究的优点是可以提供更多历史当事人的内在逻辑和更丰富的历史细节，但缺点是拘囿于当事人的叙事立场，容易夸大某些人群或阶层的历史影响。从这个角度，我倒是很喜欢甘阳反思80年代经验的一个表述，即"熟知不是真知"。他在《通三统》这本书中提到这种感觉，就是你自认为作为当事人非常熟悉80年代，而事实上可能正囿于自我的意识，你无法看到那些支配性的历史结构和大视野。

另一种形式的80年代叙述，则是那个时期已经成为历史，后来的人们不再有对于那段历史的切身感受之后，所形成的一种扁平化、景观化的历史叙述。这在更年轻的研究者和电影、电视剧、网剧、网络小说等大众文化中表现得更明显。"跳出来"是跳出来了，可是不再有历史的血肉感。读着年轻学生们的文章常使我感慨：80年代真的成了历史。与此同时，他们也开始丧失我们在20世纪90年代感受过的那种爱恨交织的复杂情感体认和历史的质感。正是出于这样的体验，在十年后的今天，我觉得我的《"新启蒙"知识档案：80年代中国文化研究》可能确实过于理性。如果说当年我们是从一具活生生的历史肌体上剥离出知识的骨架，那么今天的研究者可能需要在这些骨架的基础上重新理解那些填在缝隙中的种种感受、情绪、经验、意识。研究者的主体位置也要做一个大的调整，即研究者不再是历史化、解构性地拆解80年代，而应该是对象化、借鉴性地思考80年代的文化变革如何借助这些知识表述而成功实践。这不再是历史化地建立知识与社会的关联性，而是重新站在知识实践者的主体位置上，反思性地思考 80 年代文化变革的建构策略。只有这样，80 年代才能真正成为对今天的文化实践有用的历史资源。

可以说，80 年代这段历史还有许多值得更深入展开的地方。我认为除了上述提及的议题和问题，在总体思路上亟须深化的，是要拒绝将 80 年代刻板化、定型化为某种单一的历史形象。告别革命或重新思考革命都不足以描述这个承前启后、除旧布新的时期的全部复杂面貌。总体而言，80 年代的变革成功地开启了一个新的历史时段，但人们对于这段历史中包含的复杂经验，无论是认识的深入还是理论化提炼的程度都做得很不够。恰当地认知这段历史，不仅关乎如何认知当代中国的前世今生，也决定着人们如何理解和想象未来。

在"50—70 年代"重新发现"历史"与"文学"

李浴洋：您在完成对于 20 世纪 80 年代的研究之后，便把主要精力转向了对于 20 世纪 50—70 年代文学的考察。2020 年，您的《书写"中国气派"：当代文学与民族形式建构》出版。与《"新启蒙"知识档案：80 年代中国文化研究》一样，这也是一部名副其实的"大书"。您为何选择将这一问题作为过去十年的主攻方向？

贺桂梅：确实如你所说，我在完成《"新启蒙"知识档案：80 年代中国文化研究》之后，主要的精力都转向了对 20 世纪 50—70

年代文学和民族形式问题的研究。起点是 2009 年申报的一个教育部青年基金项目，题目叫《从"中国气派"到"文化寻根"——当代文学的民族性建构及其文化认同》。如题目显示的，当时的主要设想是从对 20 世纪 80 年代文化中有关"寻根"思潮的研究中生发出来的。

在分析 80 年代的六个主要文学与文化思潮时，我觉得最难处理的是 1984—1986 年间的"寻根"思潮。一方面，正是从对这个思潮的研究开始，我尝试把文学的表述和整个 80 年代中期的知识氛围和文化认同结合起来考虑，从一种对文学思潮的考察，延伸到有关"美学热"、考古学和中国认同等跨学科、跨领域的关联性分析上来，认为"寻根"文学中有关"中国"的想象方式和叙述方式，其背后的知识依据实际上是由"美学热"中李泽厚的《美的历程》以及当时的考古新发现等所构造的一种新的中国想象和文化认同方式；另一方面，我开始更为明确地意识到，80 年代文学与文化思潮背后的关键问题，在于这个时期人们理解"何谓中国"、如何重新构造一种新的民族文化认同方式，相对于 50—70 年代已经发生了很大变化。可以说，80 年代那些最核心的话题和知识表述，如文学性、人性、现代性、"文化热"等所发生的变化，最根本的动因在于人们理解自己作为"中国人"的基本方式变了，所有问题都可以统摄到对"何谓中国"的根本理解上。这可以从更深的层次来解释从 50—70 年代（即学界一般说的"前 30 年"）到 80 年代（学界一般表述为"后 30 年"）所发生的转型的主要成因。

因此，这个课题最初的设想，是以 20 世纪 30—40 年代之交的"民族形式"论争为起点，整体地讨论20世纪40—80年代这50年中文学叙述与想象中国的方式的变化。但随着研究的深入，我觉得比起将研究重点放在两个时期的变化与转型上，不如就集中研究"前30年"，因为所谓民族形式问题并不仅仅是一次论争，而是构成了"前30年"文学构建的基本维度和核心要素。一般认为"前30年"的当代文学是政治主题非常鲜明的文学形态，它主要叙述的是社会主义改造、无产阶级革命、阶级斗争、反帝国主义、人民政治等有关"革命"的问题。但实际上，这个时期文学的另一个主题，是有关中国的民族性叙述问题。在这个时期，"民族风格"是与政治主题相辅相成的统一体，所以文学在表述明确的政治主体的同时也普遍关注民族化、地方形式等大众化问题。这实际上也就是说，"何谓革命"与"何谓中国"是彼此构造、互为一体的。这里所书写的革命始终不会忘记它的中国特性，同时对于民族认同的构想也一直在一种革命的世界视野中展开。

基于这样的考虑，我把整个研究重心转移到"前30年"，并且把对民族形式这个核心概念的理解，从30—40年代之交的那次论争扩大到对整个50—70年代文学的主要特性的考察。实际上可以说，我所理解的民族形式更确切的内涵应该是"中国形式"，也就是在革命和冷战的全球历史背景下，中国的社会主义文学与历史实践如何构造其民族文化的主体性。

李浴洋： 前面您谈到自己的20世纪80年代和90年代研究时，我都能感受到您与时代之间强烈的互动意识与对话精神。在您的20

世纪50—70年代研究中，除去学理层面的考量，有没有某些现实触发？比如具体的生命经验，或者对于学术进程的判断？

贺桂梅：内在地推动我将整个研究重点从20世纪80年代转移到20世纪50—70年代的还有两个相关的原因。其一是我出于对"新左派"与"自由派"论争的关注而希望重新研究"前30年"的文学与历史，其二是我在知识结构上对社会科学理论的关注，这背后包含了对"文学"这一基本概念的重新理解。

先说第一个原因。前面说到，我的整个学术研究的起点都是在20世纪90年代的思想氛围中形成的，对80年代文化的研究很大程度上是为了回应90年代乃至21世纪思想界的基本问题。而90年代后期开启的"新左派"与"自由派"论争，则可以说构成了我展开学术研究的主要背景。如果说90年代是一个知识界分化与论争的年代，那么在多次论争中最重要的，可能是90年代后期提出并且持续很长时间的"左右"之争。

这次论争发生的时间，正是我在北大读博士研究生的后期阶段。回过头来想想，可以说正是这次论争构成了我们这些"70后"学生的基本问题情境，甚至可以说这次论争是与我们的生活、情感和主体诉求血肉相连的，而不仅仅表现为一种学院式的知识对象。也就是说，正是这次论争将我们"卷入历史中"。正像我在《书写"中国气派"：当代文学与民族形式建构》一书的后记中提到的，当时印象深刻的并不仅是汪晖、黄平、甘阳、朱学勤、韩毓海等人的理论，而是涌动在我们生活中的一种思想氛围。而我因为那时正参加戴锦华老师主持的文化研究工作坊，有机会更直接地目睹这场论战。

特别是 2010 年，我因为写了一篇关于汪晖论述当代中国问题的分析文章，而卷入论战中，被许多人视为"新左派"中的一员，这更使我无法置身事外。

这种直接触及我们身心体验的思想氛围，回过头来想想，实际上塑造了我们"70 后"许多人的初始学术情境。也正是在这样的氛围中，我慢慢产生了一种强烈的愿望，希望用我们自己的方式去重新了解当代中国"前 30 年"到底发生了什么。因为在这次"左右"之争中，关键问题就是如何评价当代中国的"前 30 年"。分歧的源头其实来自 80 年代，强调"新时期"之于"文革"（乃至"前30 年"）的断裂性，强调"改革"之于"革命"的转向，强调"前后 30 年"的对立性，事实上构成了 80 年代以来知识界的主流认知。被视为"新左派"事实上意味着要与 80 年代形成的这种新主流常识展开对话乃至论战，但我重新理解 50—70 年代的初衷，并不是想简单地强化这种对立，而是尝试探寻另外一种阐释思路的可能性，即在重视中国社会自身连续性的前提下，重新思考两个时期的关系，并对"前 30 年"作出更客观、更历史化的理解。

从这样的诉求出发，以民族形式问题为主要线索，以 50—70年代不同时期的经典作家及其代表性作品作为分析对象，来探讨这三十年历史中革命性与中国性的复杂构造形态，就成为《书写"中国气派"：当代文学与民族形式建构》的最终完成形态。

李浴洋：在我的印象中，您不回避"新左派"的身份，但好像也无意主动认领。您更为强调自己是在从事历史研究。"历史"既是您的探寻对象，也是您的思想界面。在致力将 20 世纪 50—70 年代重新历史化之外，您转向这一时段研究的另外一重动因是什么？

贺桂梅：我转向研究 20 世纪 50—70 年代文学的民族形式问题，除了对这段历史感兴趣之外，还有一个值得一说的重要原因，那就是对"文学"的重新理解。从我最早接触文学作品开始，直到我在大学课堂上接受文学训练，文学一直被视为一种个人化的媒介形式。所谓"文学是人学"，不如说"文学是个人学"，因为人们一直强调的是文学如何唤起个人的感性和"审美体验"，而并不强调文学的群体性与社会性。这当然也是历史塑造的观念产物。20 世纪 80 年代以来，对"文学性""纯文学""美学"的强调，都在有意无意地夸大文学与个人的直接关联，并没有将讨论的重心放在如何从文学的个人性到达文学的社会性。我们需要文学，是因为我们需要在文学中看到我们自己，我们的感性、情绪、情感和"无利害关系的审美体验"。但这种由 80 年代塑造的主流文学观，事实上只强调了文学的一个面向，而忽视了文学同样是"群学"。在中国古典文学中，孔子对《诗经》做出"兴观群怨"的评价，其实更辩证地揭示了文学的个人性与社会性的关系。这种辩证关系，对于受 80 年代"纯文学"观念影响长大的一代或几代中国人而言，却常常是缺失的。我自己在很长时间内就是这种文学观熏染下的一个"文学青年"。

但是 50—70 年代的当代文学却并非这样的纯个人性文学。在强调个人与集体、个人与时代、文学与社会的关联性方面，这个时期的文学其实一开始就是一种超越了个人主义的文学。文学被镶嵌在政治、社会、经济等整体实践的结构之中，成为构建革命的中国社会的一种重要力量。但由于对政治主题的过度强调，文学的感性与个人性特征没有得到应有的重视，同时也由于"纯文学"观念的深远影响，人们其实不能对 50—70 年代在社会主义实践的整体社会结构中产生的文学文本做出更准确的阐释。

就我个人的体验而言，以我作为一个"文青"的眼光和阅读经验，50—70 年代的作品确实很难进入。我也问过选择中国当代文学专业的许多同行或同学，大家几乎都是最早对 80 年代文学感兴趣而选择了这个专业，并且普遍觉得要从感性体验上亲近 50—70 年代文学比较困难。但这个问题很快便被赋予另一个答案，即 50—70 年代文学缺少文学性。如果说所谓文学仅仅是将阅读者个人卷入作品中，使作品成为抒发个人性情绪和感性体验的对象式存在，那么 50—70 年代文学在这方面确实不如 80 年代文学。但是，50—70 年代的许多作品具有的一种品质，则是 80 年代文学所缺失的，那就是文学作品努力尝试打破封闭的"个人性"审美体验，而将在文学中获得的感情、精神体验等与现实中发生的社会实践行为结合起来。

虽然同样被称为文学，但其实 50—70 年代文学与 80 年代文学有着重要的不同，那就是前一时期的文学是被镶嵌在整体性社会结构当中的，并具有一种实践性的视野，而后一时期的文学则全面封闭地回到个体自身，丧失了应有的社会视野。正是出于这样的阅读体验，我开始意识到我们需要重新评价 50—70 年代的文学（当然，这主要指的是这个时期那些代表性的优秀作品）。这种文学内在包含的社会视野其实是我们这些习惯了 80 年代纯文学观的人所缺失的。也就是说，你在阅读《创业史》《三里湾》《红旗谱》等作品时，不能仅仅将其视为一部部封闭性的作品，而应将其放置在那个时期的整体性社会实践和社会改造行为中来理解文学与政治、经济、社会的同构关系，来理解在整体性社会实践中文学所扮演的特殊角色与功能。

李浴洋：您的 20 世纪 50—70 年代研究，其实内在地包含了一个重新发现历史与文学的过程。因为更加关注社会视野中的文学，社会科学的修养在您的研究中也就不可或缺了。何况您重点处理和讨论的民族形式问题本身就是一个跨学科的问题。

贺桂梅：如果缺少相应的社会视野，就不能很好地理解文学的实践方式，因此我开始比较多地阅读和了解社会学、人类学、历史学、政治学等方面的知识与问题。特别是考察文学的民族形式问题，实际上更需要这样的视野。因为以文学的形式所书写的民族形式，涉及社会科学需要回答的基本问题，即何谓中国、何谓民族、何谓中国社会等。在 2009—2015 年这个时段，我开始了另一个大量阅读的时期，其实这是一个"自学"与民族主义、民族 - 国家理论相关的社会科学知识的时期。这次集中阅读很大程度地更新了我的整体知识结构。现在，会有细心的朋友读完我的文章后跟我说，你的文章不像是一个学文学的人写的，因为背后涉及许多社会科学领域的问题，不过你还是通过文学在谈这些问题。这样的"发现"让我很高兴而且有些自豪，这正是我想追求的，即在了解与文学相关的社会科学问题之后，在一种社会性整体实践关系中重新探讨文学书写问题。这里当然用不着我说，人文科学实际上与社会科学是一体的，人文学方面的问题从来就离不开对社会科学基本问题的理解。只不过，一般人文学者并不那么关注社会科学知识和理论，而社会科学学者又容易拿文学或人文学当"小儿科"，所以要将两种知识整合起来并不容易。我一直喜欢美国批判社会学家 C. 赖特·米尔斯所提出的"社会学的想象力"，并一直强调"人文学的想象力"需要一种"走出去"的能力，也需要有一种"再回来"的重新阐释。我在处理 20 世纪 50—70 年代文学与民族形式问题时，对这方面的考虑和研究实践会比之前更深入。这也是我在做完这个课题之后的一大收获吧。

还需要提及的是，在研究 50—70 年代中国文学与民族形式这个课题期间的 2011—2012 年，我曾有机会到日本的神户大学，作为一名普通教师在那里工作和生活一年。因此我对日本社会如何构建他们的民族形式有了了解的兴趣，也走过不少地方去观察他们的旅游业、文化产业和文化认同叙述。我的许多感受都写在了《西日本时间》这本书里。在观察日本社会时，我心里一直想的是中国，特别是 50—70 年代文学如何构建民族形式。表面上看，日本是近代以来最成功地将传统与现代融合起来的亚洲国家，而 50—70 年代的社会主义中国则处在一个政治化过度强烈的时期，但事实上，两者在如何处理当下社会生活、现代性与传统文化资源的关系上，有不少相通的地方。关键在于，他们都有自觉地要创造新的民族形式的意识，即立足于当代视野，把现代性诉求与古典文化作为同等的资源加以重新构建与组织。那一年的异国生活，也使我获得一种真正的国际化视野来重新理解中国，从而在讨论 50—70 年代文学与民族形式问题时思考得更深入一些。

（《学术月刊》2020 年第 12 期）

人文学的想象力：我与北大中文系

访谈人：田淼 ①

田淼：您是 1989 年考上北大的，请您谈一谈，当时为什么要选择北大中文系，为什么要选择当代文学专业？

贺桂梅：我选择北大中文系很重要的一个原因，是我那时是一个文学爱好者。我家里的文学氛围比较浓，我父亲是基层干部，也是个乡村知识分子，他的业余爱好是读小说，但他读的都不是现代小说，而是明清小说。我们家有好大一箱子书，有《三国演义》《水浒传》《三侠五义》，还有"三言二拍"等。那是我最早的文学启蒙读物。在我大概小学二年级的时候，我爸给我买了一本《千家诗》。那时我们家在农村，晚上一家人做饭的时候，在灶火边，我爸教我用湖南话拖长声调吟诗。那种温馨的情景至今让我怀念。

---

① 田淼，北京大学中国语言文学系中国现当代文学专业 2019 级硕士研究生。

上初中之后，我开始不喜欢这些古代文学。我的两个姐姐也是文学爱好者，她们就读的学校有文学社团，她们都是活跃分子，所以给我带回不少新的文学读物。那时候我开始读朦胧诗，也读冰心的《寄小读者》《繁星》《春水》，最喜欢的是泰戈尔的《飞鸟集》。我初中的语文老师是我们县城很活跃的文学青年，他很欣赏我，把他的"枕边书"《红与黑》借给我看，还给我买了一个大笔记本，要求我每天写一篇不知是日记还是作文的文章给他看，希望把我培养成一个作家。

回过头来想，20世纪80年代那种"文学黄金时代"的浪漫主义氛围渗透到了基层社会的不同角落。对于普通中国人的情感和精神生活，文学所起的作用真是非常大的。我成为文学青年和选择中文系，也是这种时代影响的一个结果吧。

为什么会选择当代文学专业呢？因为我初中以后就对现当代的作家和文学有一种亲切自如的感觉。读本科时，我阅读和喜欢的基本上都是现当代文学和外国文学。在面对选择现代文学专业还是当代文学专业的时候，我去征求了教过我们课的几个年轻老师，比如韩毓海、吴晓东、张颐武等的意见。他们说可以选择当代文学，因为当代文学的研究范围更宽泛，还建议我去跟洪子诚老师读硕士，说他学问好，有"佛性"，所以我就选了当代文学。

田淼：您刚才说到的这种文学爱好者的心态，在进入大学之后有没有什么转变？

贺桂梅：这就要说到洪子诚老师给我的"当头棒喝"。本科四年级的时候，我决定选洪老师做我的硕士生导师。当时洪老师的家在蔚秀园，我带着几篇自我感觉很得意的"代表作"，没打招呼就贸然敲开洪老师的门，说我想跟您读书。洪老师把我迎进去，然后听我在那儿唠唠叨叨地说完，还把我的论文留下。后来他看完我的论文跟我说，你挺有灵气，写得不错，不过要加强专业训练。这时候，我才知道原来自己只是个文学爱好者的水平，于是就特别努力地朝着专业研究的方向去学习，也开始练习更具专业性的论文写作。

我原来完全是凭着文学阅读感受和情绪推动自己的思考，要吸收和转化专业性知识，这对我来说是一个很大的调整。所以我感到要把握文学史对象，特别是要在大量材料阅读的基础上进行逻辑化的分析和讨论，是挺吃力的一件事。洪子诚老师后来有一阵跟我说："你怎么越学越没灵气了？"我说："我不是要向您学习专业研究吗？"

这大概是求学阶段必须经历的一个过程。我最初是把文学和自我经验混在一起的，这样的好处在于，我对生活的很多思考都可以通过文学阅读和文学分析表达出来，对我自己的精神状态也是一种纾解，但如果完全以文学爱好者的方式，凭感觉去写文章，肯定是比较浅的。要加深自己的专业修养，要了解并吸收更多的知识和理论，才可能在更高的层面上把握对象。我可能一直到博士，甚至博士毕业之后，才真正完成了这个过程。

田淼：您说到了洪子诚老师，那么，在北大，还有哪些老师对您影响比较大？他们对您的影响表现在哪些方面呢？

贺桂梅: 我在北大求学十年的不同时段,都有对我影响较大的老师。我读本科的时候,吴晓东老师刚刚博士毕业留校,给我们上过现代文学史的实习课。那时候,他好像正在花大量的时间研读外国小说,发誓要把北大图书馆的所有外国小说都读完。我们从他那里知道了加缪的散文和哲学,也知道了黑塞、卡夫卡等人。当时北大校园的诗社非常活跃,吴晓东老师跟诗人们也有交往。我们经常会几个同学一起到宿舍去找他们聊天。我记得当时硕士生宿舍里有诗人蔡恒平,博士生宿舍有陈保亚老师。他们很符合我们心目中那种浪漫不羁又有学问的"北大中文人"的样子。

对我影响更大的,甚至在一段时间内产生了覆盖性影响的是戴锦华老师。戴老师1993年回到中文系,当时她的电影课和女性文学课可以说是一座难求。戴老师最吸引我们的地方,首先是她所使用的全新的批判性语言。她给我们带来了一种很有冲击性的新资源,就是西方当代文化理论,包括女性主义理论、结构-解构主义理论、西方马克思主义理论、精神分析理论等。这些理论赋予她一种特别犀利和深刻的分析视野。西方当代文化理论形成于20世纪60年代,最早就是从电影研究领域展开的。借助学科的优势,戴老师能更早地深入理论内在的思想脉络中去讨论问题。另外,戴老师会把她的学术研究和她个人有血有肉的生命体验融合在一起,并且始终保持着敏锐而强烈的现实关怀,所以她的课和文章都有一种特别强的感染力。

我们一直追着听戴老师的课,下了课经常会和其他同学一起跟她吃饭聊天,然后与她越来越熟,关系很亲密。通过戴老师,我也接触到汪晖、黄平、温铁军等老师的思想，还包括中国香港、台湾地区以及韩国、日本在内的亚洲批判知识圈。那段时间，洪子诚老师对我的影响反而没有那么明显。洪老师会强调做研究要有扎实的史料，要深入历史脉络里面。我也帮洪老师做了好几本书的资料收集工作，包括《二十世纪中国小说理论资料（第五卷）1949—1976》《中国当代文学史料选（1948—1975）》等。不过洪老师那种把握和勘透史料，从史料解读、材料与材料的关系中发现和提炼问题的能力，我当时还没能很快领会。

这两个老师对我的影响非常大。可以说，洪子诚老师代表的是中文系厚重的文学史研究传统，这种传统讲究扎实的史料、知人论世的稳重、思考的厚度和观点表达的隐蔽性；戴锦华老师代表一种非常犀利的批判理论视野，一种有感染力的写作和分析问题的气势。我既不像戴老师那么犀利，也不像洪老师那么稳重，我的特点可能是用我的方式把这两种风格结合起来。

当然还有其他对我影响较大的老师。比如说钱理群老师，他的思想史和精神史的研究风格，我一直觉得很亲和，我也从钱老师身上学到很多。我在做文学研究时，非常关注作家的主体构成，这也是一种自觉或不自觉的思想史思路。还有陈平原老师的学术史研究，他特别强调追溯学术的来源，考察学术的传统是如何形成的，这其实要有很强的辨析材料、回溯历史的功夫。

在我读书期间的 20 世纪 90 年代，北大中文系非常引人注目的几位老师分别提出了新的不同于 20 世纪 80 年代的学术研究路径。比如说戴锦华老师的女性主义和文化研究、钱理群老师的思想史、洪子诚老师的文学史、陈平原老师的学术史。还有其他很多老师，如谢冕、温儒敏、曹文轩、张颐武、方锡德等，都对我产生过程度不同的影响。所以说起来，我就是在北大中文系，特别是90年代的学术氛围里长大的，我的特点是有热情，也善于去学习不同风格的老师们的思路和优长，然后努力把它们转化成我可以接受的东西。

田淼：在您的学生时代，有没有一些有趣的故事可以跟我们分享？哪些时光是您觉得比较难忘的？

贺桂梅：这个说起来很有趣，我可以讲三段故事。

第一段故事是我在本科期间对燕园风景的体认，可以说我最早爱上的是燕园。因为是个文学青年，青春期的问题又很多，所以那时我常常觉得精神上很躁动。来到北大校园后，最先让我感到安宁的是燕园的景致和氛围。未名湖的春水，燕南园春天开放的花朵，"一教"初夏的燕鸣，暑假时蝉声如雨的空旷校园，秋天艳阳下的银杏叶，图书馆夜晚的灯光，虽有喧闹的人声却依然显得幽静的槐荫路……这对我来说是一种很好的情感教育。我那时也是一个不成功的诗人。不过正是以这样的方式，我领略了燕园的沉静和厚重，无论时代如何变化，燕园永远是我心目中最美的校园。

第二段故事是研究生期间"烟酒生"的故事。1994年，我跟洪子诚老师读研究生的那一年，陈平原老师招了王风老师，温儒敏老师招了李宪瑜老师，钱理群老师招了姚丹老师。这三位加上洪老师后来录取的、我的师弟萨支山，以及现在外国语学院的吕文娜老师，我们六个人一开始就气味相投，经常一起去上课，上完课了就轮番请客去吃饭、聊天。虽然吃了好多年，但是聚在一起还总是很有兴味。因为我们一起吃喝太频繁，所以被朋友戏称为中文系的"四美具，二难并"。

第三段故事是当代文学教研室的"批评家周末"。20世纪90年代办"批评家周末"的时候，我刚读研究生不久，当时是谢冕、洪子诚老师牵头，主要成员包括孟繁华、陈顺馨、孙民乐、高秀芹、周瓒、徐文海、毕光明等博士生和访问学者，李杨老师偶尔也参加。这个活动的好处是，老先生、年轻教师、博士生和硕士生以及北京文学圈的人，大家每隔一个周末都可以聚在一起讨论一个话题。在这样的场合，我开始感受到一种自由讨论、自由交流的氛围，并且有发表自己意见的机会。讨论完了还需要继续开二次会，大家一起热热闹闹地吃饭、喝酒，继续聊。我对当代文学教研室以及专业的认同感也是在这种轻松随意的氛围中自觉不自觉地形成的。

回想起来，我发现学生期间收获比较大的生活都跟"吃吃喝喝"有关。可能对学生来说，仅仅有理性的知识或学术的传递是不够的，在一种生活化的交流过程和耳濡目染之间，对于思想和文学的内蕴才会体认得更深。

田淼：下面是一个比较学术性的问题。能不能请您介绍一下，从事当代文学研究以来，您的研究主要涉及哪些领域？

贺桂梅：总的来说，我的主要研究是以当代中国为对象，我对当代中国五个重要时段的文学与文化都做过专题性研究，也有相应的著作出版。我的研究的原点性问题，是要回应20世纪90年代我读书期间，中国知识界发生的那些重要思想论争。

90年代对我来说影响比较大的文化事件，除了"后新时期"讨论、人文精神论争、文化保守主义的兴起等，主要是"新左派"和"自由派"的论战。这涉及一个根本性问题，就是我们是否还能保持一种马克思主义的、关于"好的社会主义"的理想？左翼的批判思想和社会实践，在今天还能否存在？我对中国社会的理解，没有遵循一般人那种自觉或不自觉的"自由主义"逻辑，即将国家与市场（社会）对立起来思考问题的方式。关键是，如果我们完全被资本的逻辑控制的话，表面上看起来的自由可能是真正的不自由。

当时知识界的论争，对我们这些学生来说，一方面是接触不同的思想和理论，更多的倒像是一种世界观的调整。那时令我感到很亲切的一种情感体验，就是你可以通过自己的思考去认识中国社会，去关心他人的生活，去关注基层社会和那些默默劳动的普通人。这个是我们以前没想过的，因为以前我们都是个人主义者，每天想的就是自己那点喜怒哀乐、悲欢离合。那时候去坐出租车，我都会觉得司机很亲切，因为他是劳动人民，所以特别友善。这有点傻乎乎的可爱，但是当时我们确实会因此反思自己身上属于都市中产阶级的东西，打破学院与社会之间的区隔，愿意去看到和体认更多平凡中国人的生活。

可以说，我的学术原点就在90年代，我要回应的是90年代中国汇聚的那些基本问题。我的第一本书是读博士期间写的，叫《批评的增长与危机》，是关于90年代文学批评的研究。那本书显然是不成熟的，但真正重要的是在清理当时的批评话语的过程中，我自己发生了世界观的转型和调整。第二本书是《转折的时代：40—50年代作家研究》，这是一本我自己也还认可的学术著作。我想知道，在新中国这样一个社会主义国家，当代文学是如何生成的，当时的作家们到底怎样应对时代的巨变。我选择萧乾、沈从文、冯至、丁玲、赵树理这五位作家，从他们自身的思想和精神脉络来看他们如何回应四五十年代的转变。第三本书是《"新启蒙"知识档案：80年代中国文化研究》。20世纪80年代形成的文学观点和思维方式，不仅是90年代论争的根源，也是支配当代中国"后40年"的重要知识装置。只有跳出80年代，才能真正打开认识当代中国的视野。我的第四个研究时段的成果是《书写"中国气派"：当代文学与民族形式建构》，研究的是20世纪40—70年代中国革命年代的文学，分析角度是从"民族形式"入手。这里的民族形式，可以说是一种"中国形式"，即普遍的全球性、现代性问题如何转化为建立在中国主体性基础上的文化表达。我综合了《转折的时代：40—50年代作家研究》的思想史方法和《"新启蒙"知识档案：80年代中国文化研究》的知识社会学考察，把作家论和经典文本分析结合起来，花了十年时间写完这本书。

　　我一直在做还没有完成的一个课题，是用文化研究的方法处理21世纪思想论述和大众文化现象中的中国叙述，研究对象涉及文学现象、重要小说、影视剧作、知识界讨论等。我希望对一些原点性的思想文化概念，比如"文明""中国""革命"等做出反思，尝试从一种长时段文明史的视野来重新思考当代中国的问题。

　　在这五个时段的研究过程中，我从研究生期间开始的性别自觉和性别研究，也一直是我的重要学术兴趣，我在持续地推进女性文学与性别文化方面的研究。

田淼：您觉得自己在学术研究方面的个人特点主要表现在哪里？

贺桂梅：一个特点是，虽然我的学术研究很专业化，谈问题都非常规范，但我讨论的都是我自己有着比较深切的生命体验和情感把握的问题。我认为，通过学术研究，我可以解释人生中要回答的重要问题，我个人的精神境界也可以在学术研究中不断地被提升。我经常跟学生说，如果一个人可以几十年如一日地从事某件事，那一定是跟她的精神诉求有着内在关联的。因此，对于培养学生而言，我觉得老师要做的事情不仅是给他们知识或观点，更重要的是激发他们求知的热情和欲望。

另一个特点是，我可能从来就不是"纯文学"的。我一直想把文学的问题，和思想的问题、大众文化的问题、理论的问题乃至社会科学的问题，放在同一个场域中加以讨论。我认为文学既不是出发点，也不是标准，而是各种因素构成的表达媒介，所以需要我们从跨越学科的综合性人文视野中对它做出阐释，而又不忽视其自身的特点。我曾经把这种特点概括为"人文学的想象力"，这既是打破个人与社会的简单对立，也是打破学科与专业的隔阂，而在整合性的人文视野中回应现实社会的能力。文学的意义正在于它是培育这种能力的最重要形式。

（北京大学中文系110周年系庆专访）

重返 20 世纪 80 年代，打开中国视野

访谈人：徐志伟 [①]

徐志伟： 让我们从您近年来的主要研究对象 "80 年代" 谈起吧，目前谈论 20 世纪 80 年代似乎已经很流行，您觉得学界现在热衷于谈论 "80 年代" 的原因何在？

贺桂梅： "80 年代" 确实是我这些年关注的一个核心话题。去年（2010 年）出版的《"新启蒙" 知识档案：80 年代中国文化研究》，是我花了比较多时间完成的一本讨论 20 世纪 80 年代思想、文化和文学思潮的书。

关于这本书，与现在的 "80 年代研究热"，我想还是应该做一些区分。这本书并不是我最近几年才开始做的，而是从 1998 年前后准备博士论文写作时就开始了。当时选定的论文题目是《80 年代

---

① 徐志伟，哈尔滨师范大学文学院教授。

文学与五四传统》。这篇博士论文在 2000 年的时候写完了，但我自己一直很不满意，于是就推翻原来的思路重新做了一遍。这是我这些年一直关注 80 年代研究的个人原因。

我感到不满意的地方，是我在讨论 80 年代文学与五四传统时，一直有一个潜在的思考框架，那就是我认为 80 年代文学的核心话题都是从五四传统中衍生出来的。在后来的研究与思考中，我觉得首先需要对 80 年代与五四的关系做历史化的处理，讨论两者的同一关系怎样被历史地建构出来，以及 80 年代的文化实践为什么需要借重五四传统的合法性。另一方面，我也发现，80 年代有其自身的复杂性和丰富性，并不能完全用五四传统加以统摄。即便是"文学性""人性""现代""传统"这些看起来很"五四"的话题，在 80 年代的具体内涵已经发生了变化，是在"80 年代中国"这个特定的时间和空间场域中，由不同的思想与文化资源构造出来的。更重要的是，我发现，80 年代谈论的"五四传统"以及"现代化""民主""自由""人性"等范畴，与五四时期中国语境中对于这些范畴的理解并不相同，实际上是一种由 20 世纪 60 年代美国社会科学界塑造出来，并在 20 世纪 70—80 年代发展为某种全球意识形态的"现代化理论"。80 年代的新启蒙思潮，不管有意或无意，都与这种新的知识范式／意识形态关系更密切。五四传统只不过在这个认识论"装置"内得到了重新阐释而已。如果不去关注这个"装置"，而只关心在这个"装置"里面的五四表述，大概就只能说是舍本逐末，还是在"新启蒙"的历史意识内部谈问题。

意识到这些问题后，我把研究重心放在了 80 年代，侧重在新启蒙思潮对"人性""现代性""传统""文学性"等的表述方式本身的历史分析上，考察其特定的知识谱系与意识形态。这看起来是远离了最初《80年代文学与五四传统》那个题目，但其实问题意识还是一样的，就是想知道80年代表述"人性""现代""传统""文学性"的那些知识和思想资源是从哪里来的，在80年代特定的语境中作了怎样的改写和重构，并构造了怎样的意识形态叙事。

这大致是我自己从事80年代研究的过程和思路的变化。

关于"80年代"如何成为学界热衷谈论的一个话题，在我的理解中，有许多社会与文化心理以及历史语境方面的原因。

其实，80年代并不是这些年才成为核心话题的。20世纪80—90年代之后，知识界的历次论争和重要话题，都与如何理解80年代及其启蒙意识密切相关。比如《学人》集刊关于"学术规范"的讨论，比如对"国学热"及"激进"与"保守"的讨论，比如关于"后新时期""后现代"的论述，特别是关于"人文精神"的大讨论，以及迄今仍在展开中的"新左派"与"新自由派"的论争等，如何理解"80年代"都是其中的核心问题。不过，这些讨论常常是以论战或论辩的方式展开的，在肯定或否定、有意义或无意义等价值判断层面有基本的分歧。在这种情形下，我觉得格外需要先去厘清"80年代"展开的具体历史过程以及它通过怎样的知识表述建构自身的合法性。

90年代关于80年代的论辩，主要是在知识界内部展开的，而当前的"80年代热"，却是一个扩散到不同社会层面的话题。比如在社会心理层面上，现在对于80年代的想象和关注的热情，带有很强的怀旧色彩。当80年代可以成为怀旧对象时，就说明人们意识到"80年代已经过去了"，因此可以站在一种新的关于现实的感知和对历史的重新确认的位置上"回过头"来看80年代。这种社会心态的形成，当然与当下中国经济崛起，以及90年代以来中国社会的巨大变化密切联系在一起。可以说，今天的"80年代热"，是带有距离感的对80年代的重新认知。如何认知80年代，也与如何判断、叙述中国社会的现实紧密相关。比如，如何看待中国的经济崛起，有人认为这是"告别革命"的结果，有人则认为正因为有了毛泽东时代的"革命"，80年代的改革才能有今天的成果。又比如，怎么看待今天中国社会中存在的阶层分化，有人认为这是因为80年代的"民主"诉求没有被实践，有人则认为需要在批判80年代西方式民主实践的基础上重新思考"民主"的真正含义等。

可以说，在今天，"80年代"一方面成了一段"已经过去"的历史，另一方面，如何评价它，又是人们理解当下现实的一个关键。在这种意义上，我认为目前出现"80年代热"是特别值得关注的。

徐志伟：您如何评价已有的关于20世纪80年代的研究成果？

贺桂梅：目前关于20世纪80年代的研究还在展开过程中，而且涉及不同领域，我只能就我个人的有限观察谈一点看法。

在思想史研究或知识分子研究的意义上，有两本书引起了颇为广泛的关注：一本是2006年出版，由查建英主编的《八十年代：访谈录》；一本是2009年出版，由北岛、李陀主编的《七十年代》。这两本书通过访谈或回忆录的形式，记载了80年代文化变革的参与者们的一些回顾、回忆和历史思考。这些作者和受访者其实是一个特定的群体，也就是80年代的"新生代"文艺家与知识群体，他们是80年代（尤其是中后期）文化变革的主力。他们以历史"当事人"的口吻，讲述了自己在特定历史情境下的经历与思想状态，以及参与重要文化事件的过程。这些为今天研究者重新理解80年代，并借此去感知当时的历史氛围乃至情感结构，提供了特别重要的史料。另外，叙述者在80年代所处的不同位置、采取的不同态度，以及今天反思历史的不同立场，也为人们理解80年代思想和精神气质的复杂性，提供了弥足珍贵的观察视角。我感兴趣的是，他们的一些叙述还带有比较浓的属于80年代的历史意识，有对于一个"辉煌时代"的怀旧感。作为个人的历史记忆，这无可厚非，但对于历史研究而言，恰恰是这种"意识"本身，成为需要探究的对象。

在文学研究领域，我对王尧所做的口述史，蔡翔、罗岗、倪文尖等人的80年代研究印象很深。特别是程光炜老师，他带领学生们进行了多年的80年代文学史研究，并联合其他的老师（如李杨、李陀等）在刊物上组织研究专栏、出版相关的研究丛书，非常引人注目。他们对"80年代文学"重新成为文学研究界的重要话题，起了很大的推动和引导作用。这些研究工作带有重新审视80年代文学与历史的意味。作为80年代"现状"的"新时期"文学批评，曾经是当代文学研究的中心。20世纪90年代中期以后，当代文学史研究主要集中于对20世纪50—70年代文学史的讨论，同时，对当代文学现状的关注，转向了90年代以来的文学实践，80年代文学研究逐渐被冷落。21世纪学界再度将研究的焦点集中于80年代文学，一方面是将其明确地指认为"历史"，是文学史的一个构成部分；另一方面，正因为之前关于80年代文学的研究与批评构成了当代文学专业的体制性力量，因此，"重新开始"也需要自反性地审视这个体制自身的问题。新的研究不仅仅集中在重新解读文学作品，对研究者的研究语言和文学史叙述的反思，对文学体制的历史性呈现，也变成了这个时期研究的重点。另外，由于对当下文学现状采取的不同态度，如何重新评价80年代文学的历史意义，比如如何看待文学与政治的关系，如何看待80年代的"现代派"迷恋，如何重新评价现实主义文学传统等，也得到了较多讨论。

还值得一提的是，目前进行80年代文学研究的人，不仅有程光炜、蔡翔、李杨等80年代文学的亲历者，也有在90年代以来的学院训练中成长起来的新一代研究者，他们几乎是天然带着距离感来看待80年代的。因此，历史的复杂性、个人经验的倾向性和学术研究的客观性之间，形成了颇为有趣的对话关系。不过，文学研究的丰富性也正因此而显现出来。

徐志伟：您研究20世纪80年代的基本出发点或问题意识是什么？

贺桂梅：我的研究集中关注的是20世纪80年代中期（大约1983—1987年间）形成的"新启蒙"思潮，从六个文学与文化思潮着手，基本上是在跨学科的视野中展开的某种宏观性知识清理。80年代知识界如何想象与叙述"人性""现代性""传统""中国"与"文学性"，构成了我讨论的重心。我认为，正是对这些核心范畴的理解，形成了某种我们可以称之为"80年代历史意识"的共同倾向。如果缺乏对这些总体性的知识结构和历史意识的清理，很难突破80年代研究的既有框架。

我研究的一个基本出发点，可以说是想将80年代"历史化"。历史化的意思，不是简单地宣判"80年代过去了"，而是在一种更大的历史视野和新的现实问题意识中，重新定位和理解80年代。

80年代在当代中国历史中占据了极其重要的位置，也可以说这个时期塑造了当下中国知识界的基本话语方式。在很多时候，我们谈20世纪、谈50—70年代的社会主义历史，甚至谈90年代以来的当下中国社会，其实都是在80年代塑造出来的"话语装置"里面来谈的。有越来越多的历史与现实经验，使人们意识到20世纪、革命与当下中国，并不像80年代理解的那样，而有其自身的复杂性。因此，如何跳脱80年代的历史意识，批判性地反思80年代的知识体制，就成了一个值得探究的学术与思想问题。我想做的，是一种批判性的自反工作，即探究那些我们今天视为常识、真理或价值观的东西，是怎样被构造出来的，它回应的是哪些具体的历史语境。这可以说是我的基本问题意识，这后面包含着我对80年代的基本历史判断和对当下知识状况的现实判断。

徐志伟：在您的一篇文章中，有"重返80年代"这样的表述，在您看来重返20世纪80年代是如何成为可能的？

贺桂梅：关于"重返"，首先要考虑的是重返到哪里去？人们常用"回到历史现场"这样的说法，强调一种带有质感的历史氛围与情境，要求呈现出那个原初场景的复杂性，以及某种"客观性"：你不能随心所欲地"乱写"历史。但是"现场"这样的词，只能说具有一种关于何谓历史的理解导向上的规范性，而不能说存在着一种像客体那样自明的事实。因为即便在那个"现场"中，由于所处位置的不同，各人看到的东西、理解的东西是不一样的。更重要的是，这个"现场"需要被"说"/叙述出来，它的意义才能为人理解，而怎么说、由谁说、什么时候说、在怎样的情境下说、纳入怎样的意义系统里面说，这些都将导致"现场"的面貌是很不一样的。因此，要充分地意识到所谓"历史现场"的叙事性和建构性。

其次是从哪里重返？"重返"的"重"字揭示的是研究者的当代立场：无论如何客观，研究者总是在他置身的当代语境和意义系统里面来看待过去那段历史的。有的研究者把自己的研究视野普泛化，认为自己讲的就是"事实"与"正确的历史"，这就缺乏对自身书写立场与书写语言的有限性的反省；有的研究者则认为，反正像胡适说的那样，"历史是任人打扮的小姑娘"，我想怎么说就怎么说，这就取消了关于"历史现场"的某种在约定俗成中逐渐形成的规定性的理解。

我自己理解的重返，是在当代性与历史性的对话关系中展开的。一方面需要充分理解生活在那段历史之中的人们的"内在视野"，也就是那个时期形成的主导叙述和意义系统；另一方面研究者要对自身的当代立场和当代视野具有理论自觉，重返的过程，就是当代立场与历史的内在视野不断地对话、协调、再阐释的过程。一种可取的重返，真正需要形成的是在当代视野中能够被人们接受的历史阐释，当代性赋予其"新"意，但却不是随心所欲的。如何协调不同层面的意义系统间的对话关系，构成了重返的不同方式和路径，也是研究者发挥主体性和创造性的地方。

我采取的基本研究方法，我称之为"知识社会学"。我不能说已经很好地解决了在重返的过程中面临的各种问题，但希望把当代视野、历史的规约性与我个人的阐释力这三个方面比较好地结合在一起。

关于知识社会学的方法，我在书中也做了一些说明。我特别关心的是它关于"视角"的论述。曼海姆把知识社会学界定为"一种关于思想的社会存在或存在条件的理论"，意识到"思想"与其"社会条件"之间的关系的存在，是以一种"超然的视角为预设前提"的。也就是说，你需要站在某个历史结构的"外面"，才能看清一种知识或思想如何确立其与社会存在的关系，不然，你可能会觉得那些知识和思想都是"从来如此""天经地义"的。但是要把一种思想与其社会语境的关系尽可能客观地揭示出来，还需要理解其"内部"的视野。这可以通过深入地理解不同性质的历史文本，特别是它们具有的意义表述方式与内在逻辑而达到。曼海姆所谈的"总体意识形态"与"特殊意识形态"，启发我去对历史研究的当代性、历史性及其对话关系进行理论性思考。

关于知识社会学，我并不认为存在一种本体论式的研究路径，我关心的只是它提示的一种研究思路。我想用这个说法，把它和其他一些研究思路区分开来，比如"思想史研究"。思想史研究一般探讨的是某些基本观念、核心范畴的演变，研究者常常站在某种价值主体的立场上看问题，却不能对使用这套知识的主体本身进行历史化的自反性思考。这基本上是一种在确认了何谓"知识分子"这个主体意识的前提下展开的批判实践。而知识社会学的独到之处，在于它能够在一种总体性的社会结构视野中观察知识主体的特殊位置，并对知识主体的"特殊"视角与这种"总体性"之间的关系，做出有效的自反性的理论说明。我强调知识社会学与思想史研究的差别，是想突出一种"社会"视野，强调作为一个社会群体的知识分子的有限性，并在承认这种有限性的前提下，讨论知识与思想实践的力量。说到知识社会学，我也想将我在书中使用的这个概念，与中文语境中人们一般对它的理解区别开来。我们一般说的知识社会学，主要集中在对知识分子群体的研究，比较偏向于社会学方面，关注一个知识群体的社会行动方式。但我将分析重点，放在知识与权力体制的关系上。一方面，我想说，那些在 20 世纪 80 年代被称为"真理""价值""信念"的东西，都必然借助一定的知识形态才能被表述出来；另一方面，这些"知识"虽然在当时的人们看来是那么"自然而然"，那么"充满血肉感"，但它总是在一定的历史语境中被建构出来的，而如何被建构、如何被人们自然地接受，则是一个时期的知识体制与权力结构塑造的结果。

徐志伟：在对 20 世纪 80 年代知识谱系的清理、反思过程中，您个人站在怎样的位置上？

贺桂梅：我采取的这种研究方式，可能会遇到一些质疑。比如我遇到一些 20 世纪 80 年代的亲历者，他们说我的书对 80 年代采取的分析方式，理性的味道太浓，太"知识"太"考古"了。我明白他们的意思，大约指的是我对80年代缺少感性的体认和历史认同。这就涉及你问的"我个人"站在怎样的位置上来做80年代研究。

就个人经验来说，80年代正是我读中学的时间，我还能以不同方式切身地感受那个时代的总体氛围。比起那些亲身参与80年代变革的年长者，我们这些"70后"可能像是80年代的局外人，但是比照"80后"或"90后"，我又深深地意识到自己怎样浸淫在80年代的主流文化里面。我在一篇文章中也说过，我1989年来到北大读书，正赶上一个特殊的时间，那时北大校园的氛围已经和80年代很不相同，当时常有一种"没赶上好时候"的遗憾。不过，我的知识结构与思想气质，更多还是被20世纪90年代的北大塑造的。就阅读经验和思想体验来说，我很快就"越过"了80年代流行、我个人也曾经十分热衷的萨特、加缪的存在主义哲学，"越过"了当时流行的刘小枫等人的"诗化哲学"，也在"人文精神"论争中仔细琢磨"反思启蒙"的含义。可以说，90年代的北大校园让我吸纳了许多80年代主流知识之外的批判理论，比如女性主义、后殖民主义、后现代主义、解构主义以及西方马克思主义理论等。而且，可能因为身在北京和北大的缘故，我对90年代知识界的论争有更多切身的感性体认。比如现在我还能想起，当年我们一些博士生，常常在饭桌上为了知之不多的"新左派""自由派"争得面红耳赤，甚至不欢而散。这种知识结构和思想氛围，可能使我能更多接触到"新启蒙"之外的东西。

我有一个关于"新启蒙"思潮的基本历史判断：我认为"新启蒙"并不能全部地涵盖80年代文化，从20世纪70年代后期到80年代中期，有一个从"思想解放运动"到"新启蒙"思潮的变化过程。"新启蒙"大致描述的是80年代中期形成的颇为松散的主导性知识表述，它基本上被"现代化范式"所统摄。这种思潮在80年代后期的时候，其实已经有内在瓦解的趋向，但80—90年代之交的社会与政治变动，赋予了这一思潮以"悲情"的合法性，并使其在90年代逐渐成为一种主流知识。这种主流化，指的是成为"常识"层面的意识形态和在知识生产体制层面上的中心化。相对来说，我在90年代的北大校园接受的批判理论，则是边缘性的和特异性的。当我说90年代的批判理论会帮助我从"新启蒙"主流知识体制中跳脱出来，保持一种批判的距离来看待"新启蒙"，指的是这样一种情形。

　　"新启蒙"知识在80年代是具有很强的批判力的，但正是在90年代以后的历史语境中，在它丧失了现实批判性的时候，却成了一种普遍的常识。对这套知识的学术分析，常会被视为对一种普遍价值观的质疑：你说"人性"是被历史地建构出来的，难道你要"反人性"吗？你说80年代的现代化想象与一种全球性的后冷战情境相关，难道你认为落后的传统社会就好吗？这些质疑本身，表明人们内在地接受了80年代塑造的这套新知识，认为它是真理、信念与价值，而没意识到在20世纪50—70年代，或许人们并不是这么理解人性和现代化的，但那并不意味着他们就是"非人的"或"不现代的"。因此，我们需要历史地理解一个时期的知识／权力体制如何将特定的"知识"塑造为"真理"。这不是在提倡一种相对主义价值观，更不是文化/价值虚无主义，而是在理论和精神气质的层面上对于"启蒙"的重新认知和实践。

"启蒙"是80年代的主题词。但是，从康德那里引申出来的这个"启蒙"，它与"批判"之间的关系并没有得到过很深入的理论性探讨。康德把"启蒙"界定为"人类脱离自己所加之于自己的不成熟状态"，但福柯说，康德对批判的理解本质上是"从知识的角度提出来的"，因此启蒙的问题总是滑向知识的"真"与"假"的问题。福柯认为"批判"应当被描述为"一种知识－权力关系"，"启蒙"则相应地被界定为"一种我们自身的批判的本体论"，一种"精神气质"和"极限体验"。这是对我们为什么是这样的人，我们为什么这样思考或说话，我们为什么这样行事而展开的自我批判。它首先意味着去反思我们如何被历史地塑造，在这个前提下，才能恰当地思考"自由"的可能性路径是什么。

很大程度上，这也是我尝试去实践的一种新的批判方式。对80年代知识体制的批判性分析，并不是把自己从历史中"摘"出来，"远距离"地进行一种学院式的知识操作。相反，我把这种历史清理视为一种理解我们从哪里来、如何被塑造，并思考我们"可能"到哪里去的批判方式。因此，不能把"个人"在研究工作中的位置，仅仅理解为感性的个人体验和个人风格，福柯意义上的"启蒙"提出的是更高的要求。我的做法是，不是简单地认同80年代出现的"人性""现代性""文学性"等价值观，而是去分析这些价值观如何以知识的方式取得合法性，并关注在这个历史建构过程中那些被粗暴地遮蔽、排斥因而丧失了合法性的偶然因素。也正是在后种意义上，历史地思考改变今天状况的路径才具备可能性。我认为，这种分析方式，在精神气质上，并没有远离 80 年代，甚至只有以这种方式重新实践"启蒙"，才能真正继承与发展 80 年代的思想遗产。

徐志伟：对 20 世纪 80 年代的拆解过程也是对 20 世纪 50—70 年代的解放过程，对吧？那在你看来，我们今天该如何重建理解 50—70 年代的理论视野？

贺桂梅：这涉及如何理解 20 世纪 80 年代与 20 世纪 50—70 年代的历史关系。我想这个问题需要分出三个层次：第一，80 年代知识界的"主观"历史意识如何看待 50—70 年代；第二，80 年代的变革过程与 50—70 年代的革命历史之间"实际上"是一种怎样的关系；第三，如何在跳出 80 年代的意识框架之后，在今天的历史语境下，重新讨论 50—70 年代的历史意义。

我们现在经常说，80 年代是一个"告别革命"的年代，是在批判、反思和拒绝 50—70 年代革命的基础上展开的文化变革。这是就第一个层次而言的。也就是说，在人们"意识到"的层面上，80 年代的"思想解放""新启蒙""重写历史"等，都是针对 50—70 年代的革命实践而言。这种"断裂"的历史观背后存在着一种二元对立的价值判断：50—70 年代是"前现代的""封闭的""暴力的"乃至"专制的"历史，而 80 年代则是追求现代化的、开放的、民主的新时代。由此，对"人性"的呼吁、对"文学性"的倡导、对"现代性"的召唤等，才成为可能。显然，这种看待 80 年代变革与50—70年代历史的方式，在今天的中国知识界仍旧影响深远。

不过，如果我们去关注80年代文化变革的具体过程和方式，就会发现，"断裂"的历史意识仍旧是在"延续"的历史关系中展开的。比如说人道主义思潮讨论"人性""异化""主体性"等问题的方式，其实是50—70年代已经建构出来的，是内部的思想资源在"边缘"与"中心"位置上的反转。又比如，80年代现代主义文学思潮与20世纪西方现代派文艺的关系，揭示的是文学界如何通过将社会主义文化体制所指认的"他者"转化为"自我"的方式，来完成其创新实践。即便是"文学"与"政治"的二元框架，也是50—70年代反复争论的核心话题。

从这样的角度来看80年代与50—70年代的关系，可能会发现，断裂的主观诉求，常常是借助延续性的历史结构来完成的。但是，这当然也不是说80年代与50—70年代之间实际上不存在断裂的关系。对现代化的强烈诉求，以及80年代中国总体地力求融入西方市场体系的社会变革，导致的是对"现代"的全新理解。我在书中不同的章节，特别着力地分析了80年代的"现代化"想象与叙述和"现代化理论"的关系。现代化理论范式如何理解第三世界国家的现代化进程，如何理解"传统"与"现代"的关系，如何理解对于"落后国家""发达国家"及"世界"的想象，如何理解"人"的现代化标准等，都潜在地制约着80年代知识界想象和叙述"新时期"的方式与视野。这套历史叙述与世界想象，与50—70年代占据主导的"革命"范式是很不一样的，真正的认识论上的断裂正是发生在这里。也就是说，基于不同于50—70年代的基本历史情境（与西方世界是对峙还是融入），在历史意识与思想资源等不同层面上，塑造80年代的新的主导或统合性文化。

考虑到这些不同层面的因素，在今天重新理解50—70年代的历史，一方面要打破80年代塑造的那种二元对立的意识形态框架；另一方面，也要打破那种在谈论80年代与50—70年代这两个历史时期的关系时，总是自觉不自觉地采取的非此即彼的思路。反思80年代就是要回到50—70年代甚或回到"文革"，肯定80年代就是要"告别革命"，这种非"左"即"右"的思路就是其表现。我认为需要在更大的历史与理论视野中，来探讨这两个历史时期实际上产生的历史效应和各自的主导文化，以及它们之间既非简单断裂也非简单延续的复杂关系。

在今天如何重建理解50—70年代的理论视野，也是一个全面地反思当代中国历史的契机。这涉及如何反省80年代式的现代化理念，如何更为历史化地理解50—70年代的社会主义实践，更重要的是，如何在全球资本主义历史中理解第三世界国家的社会主义与现代化道路的关系，如何理解社会主义理念在今天的意义。

徐志伟：在20世纪80年代，除了"新启蒙"知识以外，还有没有另外的知识脉络？如果有的话，您如何看待它们的价值？

贺桂梅：当然，除了"新启蒙"知识之外，在20世纪80年代还存在别样的思想脉络，我所谈的主要是80年代的"主导文化"。

关于这一点，我想也需要做一些解释，就是如何理解"主导"这个词。我在一定程度上借用了杰姆逊的概念，他在谈论西方20

世纪 60 年代的时候说，只有在某种程度上先搞清历史上所谓主导或统识为何物的前提下，特异的全部价值才能得以评估。这个"主导"指的是"就那基本情境（不同的层次在其间按各自的规律而发展）的节奏和推动力提出一个假设"。80 年代中国的基本情境，大致就是要融入西方主导的全球市场体系，并改革 20 世纪 50—70 年代形成的国家体制。"断裂"意识、"告别革命"、"创新"诉求，都是对这个基本情境的回应。但是，强调主导，并不是说 80 年代思想文化的不同方面就是有机统一的。一方面，这种主导是一种基本的社会情势，具备共通的历史意识；另一方面，这种"势能"和"意识"，总是在各自的文化传统、知识脉络、社会关系结构中展开的，这种实践并不是同质的。

　　具体来说，"80 年代"首先存在着阶段性的文化特征，比如20 世纪 70—80 年代之交这个时段的思想解放运动，和 80 年代中期的"新启蒙"，以及 80 年代后期"新启蒙"的内在分化等。就知识形态来说，除"新启蒙"知识之外，社会主义文化在 80 年代也自有其复杂性。我们一般谈论的是所谓正统的、以国家话语出现的社会主义文化，但其实在 70 年代后期，以及后来的"地下民主运动"中，也存在别样的社会主义文化实践。即便是以国家主流话语出现的社会主义文化，在与"思想解放""新启蒙"的对峙中，它们的形象和理论意义某种程度上也被漫画化了，我们需要更为细致地辨析其复杂性。

　　另外，在"新启蒙"知识内部，其与现代化范式的关系也是复杂的。比如"文化热"中甘阳等人对现代性的诗意批判，他们主要借重的是批判资本主义现代性的现代主义哲学与思想资源，并开始对"现代"抱持一种既认同又犹豫的态度。我读到一种观点，提出甘阳他们的思想其实是"反现代"或"批判现代"的，不能用"现代化范式"概括。我觉得，重要的并不是他们用了什么样的思想资源，而是他们怎么翻译、阐释和调用这些思想资源。如果把他们对西方现代哲学所做的翻译与研究工作，和他们对现代化的理解，尤其是他们所秉持的现代想象对照起来，可以看出他们当时并没有真正逾越现代化范式的视野。历史研究需要关注的，恰恰是这种错位、悖谬及其发明出来的创造性整合形态，关注它们与现代化范式之间那种看似游离实则更为内在化的独具意味的历史形式，而不是简单地做一种是或否的价值判断。

徐志伟：经由对 20 世纪 80 年代的清理和反思，您对"中国道路""中国模式"等问题有什么新的看法吗？

贺桂梅：如何理解"中国道路""中国模式"等是现在思想界争论的大问题。这和 21 世纪以来中国经济的"崛起"密切相关，一方面中国在全球格局中的位置变了；另一方面，所谓全球化从来不是只关系中国的"外部"，它也带动了中国内部的社会组织方式，包括社会阶层分化，族群认同与边疆关系，中央与地方的权力格局，城市与乡村、东部与西部等区域关系的变化。在这种全新的历史语境下，重新思考"何谓中国"，如何评价中国的现代化道路，都是至关重要的现实问题。

我所做的研究只是非常粗浅层面的工作，这大致是一个"跳出

来"和"打开"的过程。我觉得很多人是在 20 世纪 80 年代形成的
知识体系"里面"谈问题，背后有一系列同构的二元对立，如传统
与现代、中国与西方、国家与市场、专制与民主等。用这一套知识
来谈中国问题，大概只能在一种启蒙主义的思路上，把西方式现代、
市场和抽象的民主概念作为讨论问题的规范，并以此指责中国"不
现代""不民主""不人性"，而不能在反思这些范畴的前提下，
结合中国社会和历史的实际情况，有针对性地提出创造性的解决
思路。

"打开" 80 年代的知识体制，可能获得更开放、更复杂的历史
眼光来理解 80 年代、理解当代中国的历史乃至整个近现代以来中
国的现代化道路。比如，如果我们不把今天中国的经济成就理解为
仅仅是 80 年代改革开放的结果，而认为 80 年代的改革开放与 20
世纪 50—70 年代的社会主义实践构成同一现代化过程的不同侧面，
可能看待当下中国社会问题的方式就会发生变化。在今天，中国的
主体性（包括政治合法性、历史道路、文明形态、文化系统等不
同层面）变成了一个广受瞩目的问题。讨论这种独特性，并不是
要说明中国为何永远是世界史的一个例外，而是要讨论中国如何可
以作为一个文化与政治的主体，创造性地回应当下中国社会面临的
现实问题。国家主权与全球政治经济结构、社会公正与真正的民主
实践、文化自觉与新的价值认同，都需要在这样一种问题意识下展
开。这种思路在 80 年代"新启蒙"知识体制里面，是无法被问题
化的，而一旦 80 年代的知识体制与思想实践被放置在这种新的历
史视野中加以思考，它在当时的历史与全球格局中如何创造性地确

立中国主体性的方式，无疑也可以成为我们今天思考"中国道路"问题时的重要参照。

徐志伟： 您如何理解人文学术在今天社会的价值？

贺桂梅： 相对于文学在 20 世纪 80 年代的中心位置与人文学者的活跃程度，20 世纪 90 年代以来，人文学术总体来说是趋于"边缘化"的。也可以说，在 90 年代以来的知识界，社会科学逐渐占据了主导位置。这可以从许多具体的原因上去解释，比如学术与国际接轨的影响，比如专业化的学科知识体制的完善等，但我认为最重要的原因在于，80 年代通过文学、艺术等人文学术所表达的核心理念和价值观，其实背后有其社会科学的依据，大致可以称之为一种现代化范式。但在当时，人们并不认为他们对人性、现代化、民主、传统等的理解是一种理论形态，更不认为那只是一种特定的知识，而认为那是一种普适的价值观。到了 90 年代之后，一方面，中国主流社会的发展，就是按照那套看起来很客观的社会科学理论展开的。如果说 80 年代文学、艺术等人文学术是在宣扬、扩散和传播这套理念的话，那么 90 年代之后则是实打实的社会实践了。人文学术本身就构成这个社会进程的一部分，它可以支持或反对、肯定或否定，但要跳出来批判性地介入社会发展，就需要对整个知识体制进行反省。另一方面，90 年代后社会现实的展开与人们曾经预期的"现代化蓝图"有很大的不同。因此，当人们对这些共享的价值观和信念产生分化和怀疑的时候，追根溯源地讨论那些价值观背后的理论预设和知识脉络，就成了需要面对的问题。90 年代中国知识界的多次争论，以及人们常常说的"分化"，其实是基于何谓"社会""国家""市场""民主"等这些社会科学的基本范畴展开的。

这意味着首先要意识到社会科学知识本身的叙事性和意识形态特性。这种常常被人们认为是"客观的""科学的"知识，其形成历史与组织方式也是有其意识形态导向的。比如关于如何理解现代化，社会科学家们提出了一系列的指标，用以衡量一个第三世界国家是发达的还是不发达的。但是，如果深究，就会发现这些所谓标准，其实是依照西方国家（更确切地说，是二战之后的美国）的历史与现实提炼出来的。我并不想把问题简单化，认为社会科学都是一些意识形态虚构，而是想指出，一是今天我们所谓的社会科学确实是伴随资本主义全球化过程而发展起来的，它本身就是现代民族国家体制的一部分，二是社会科学知识都包含关于何谓好社会、何谓国家等问题的特定理论预设和认知前提，其叙事性就隐含在这些前提之中。

意识到这些特点，可以帮助我们重新理解人文学术的意义。不能说社会科学是客观的科学的知识，而人文学术是主观的价值观的知识。不如说这种区分本身就是现代知识体制内部的分工。最重要的可能是如何反省和变革整个现代知识体制。90年代其实已经发展出了一些这样的研究思路，比如文化研究、思想史研究、社会人类学、历史社会学、政治哲学等，大都强调一种跨越学科边界的整体性视野，强调理论性的自反能力和社会介入的问题意识。人文学术的"特长"如果是想象力、对叙事媒介的自觉和对主观世界的关注的话，那么需要在重新思考何谓"世界""社会""中国"等这些看起来很"不人文"的问题的前提下，重新确认世界观、价值观与认识论前提，并以此激活自身的力量。我想，这也是人文学术的价值所在。

徐志伟：最后再谈谈您现在的工作吧，您现在对现代文学研究有没有新的设想？目前有哪些新的研究计划？

贺桂梅：我现在比较集中地做的一个研究课题，是讨论当代文学民族形式的建构。这也是从我的 20 世纪 80 年代研究中发展出来的一个题目。我在做"寻根"思潮这一章时，觉得这部分最难处理。一是从 20 世纪 50—70 年代的民族形式到 80 年代的"寻根"思潮，这个过程是怎么转换的；二是如何理解在文学创作、美学史、民族史、考古学、大众文化等不同层面存在的重新想象 / 叙述中国的动力和方向。这使我意识到，当我们谈论中国当代文学时，其实常常只关注"文学"与"当代"，而以为对"中国"的理解是自然而然的。但实际上，如何理解中国，才真正决定着"当代性"与"文学性"的建构方式。所以，一段时间内我会把研究的重心都放在对中国的叙述上。这好像是一个在目前的现当代文学界比较时髦的题目吧，我希望能提出一些有意思的思路。比如我不想掉在民族国家叙事里，用一套民族主义知识来解释这个问题，也不想完全把民族主义叙事与社会主义叙事对立起来，而想在某种全球结构和比较长的历史视野中，考察不同层面的力量如何将特定时空关系中的中国塑造为一个文化与政治主体。

　　我现在还比较关注的一点，是希望将分析的重心，更多地放在文学上。我这里所说的文学，内涵比较宽泛，它固然主要指以前我们所说的文学创作，但也涵盖电影、戏剧乃至大众文化等诸种文艺表述形态。熟悉当代文学历史的人都会知道，在 20 世纪 40—70 年代，当代文学不叫文学而叫文艺，它涵盖的范围比我们今天所理解的文学要宽泛得多。我们今天把文学缩小到对文学创作的理解，其实是 80 年代的"纯文学"实践的结果。我关注的文学比较接近文艺这种说法。

　　另外，也是考虑到我的 80 年代研究，主要讨论思潮、理论与核心范畴，想的是打破不同学科和研究领域之间的界限，从"知识体制"这样的角度相对宏观地研究 80 年代，而对文学文本的分析部分比较薄弱。如果能够在一些章节深入文学文本内部，我觉得这样的讨论可能会深厚一些。这也使我反复思考文学的位置到底在哪里。我不认为文学是个人的、感性的、形象思维的，更不认为是纯审美的、非政治的。拆解纯文学的知识体制，反思当下的学科体制建构等，就是要不断地揭示文学的历史性与政治性。但是文学独特的地方，也正在于它是作用于人的感性和想象力的，并以整体性的方式叙述客观性的世界结构与人的主观世界之间的关系。某种程度上可以说，重新瞩目于文学，也就是瞩目于人创造世界的能力。我们需要在具备某种世界史和社会结构的整体视野之后，重新思考和探寻撬动世界的支点。因此，在文学扮演了如此重要角色的 20 世纪中国，如何从一种新的整合性视野中重新理解文学的位置与意义，我想这是特别值得思考的问题。我以前用"走出去"和"再回来"

表述这个过程，我想不太准确。这个"再回来"，不是重新"回到文学"，而是关注整个的社会结构、文化体制和意义表述过程，然后重新思考其中文学／文艺如何发挥历史作用。

（《现代中文学刊》2012 年第 3 期）

重启人文学的想象力

访谈人：王菁 [1]

女性学者、性别研究与理论失忆

学术起点与女性身份

王菁： 20 世纪 90 年代女性文学研究是你从事学术研究的起点之一。在《女性文学与性别政治的变迁》的绪论中，你提及自己正是"通过对这些被称为'个人化写作'的女作家作品的讨论，清理同时也表达自己的性别体认"。90 年代也是女性话题风起云涌的时期，你身处其中，又是女性文学研究者，这一时期对你产生过哪些影响？

贺桂梅： 我 1994 年开始读研究生。读研期间，正值第四届世界妇女大会在北京顺义举办，也催生了女性话题在中国的社会性热

---

① 王菁，《新京报·书评周刊》记者，笔名青青子。

潮。当时出版了很多西方的女性主义理论著作。作为女学生，我当然会有很多性别方面的困惑，尤其是年轻女性遇到的困惑在之前都会被视为私人的问题。在这样一种热潮下，我学习了许多理论层面的知识。同时戴锦华老师在北大开了女性文学的课程，我也因此阅读了当时涌现的女性作家作品，比如陈染、林白等的小说。也是在那个时候，我第一次觉得我生活中遇到的问题可以被清晰地表达出来，而且它们是具有公共性的社会议题。

我当时研究 20 世纪 90 年代女性小说，也开始正式进入当代文学圈。这个"圈"主要偏于文学批评，所以一有新作家出来，大家就会开讨论会，围绕这些新作家、新作品写一些批评性质的文章。那时候有很多约稿的机会，但是我写了三四篇之后，就有点不想再继续下去了。

我在面对这些新作家所提出的问题时，常常会感觉到那不是真的问题，但我当时的理论基础和判断分析能力还不能够穿透那些问题。因此，我在完成硕士毕业论文之后，基本上就不再写女性文学方面的批评文章。

我开始将大量精力集中在文学史的研究领域，但这不是说我放弃了性别研究，而是我不想老谈同一类问题。这也和当时大家对我的指认有关。我一直很反感一种说法——你是一个女性，你就只能做和性别相关的研究。

王菁：这也是很多女性学者所面临的问题。

贺桂梅：身为女性学者，我一直认为女性身份本身就是一个标签。实际上，我们每一个个体都是特别丰富的，身份也是多重的，比如说我既是一个女性，同时是一个当代的中国人，也是一个文学专业的研究者。所有男性学者谈的问题，我都应该可以参与进去。但当时我的感受是，如果我特别接受别人给我的女性标签，就意味着我好像没有能力谈那些男性学者所关注的问题。

所以一直以来我希望自己的研究格局不受女性学者身份的限制。当然在面对具体的问题时，我作为一个女性的生活经验、情感的原动力，以及判断问题的方式肯定会和男性学者有所不同。这是很自然的结果，毕竟性别身份是一个社会身份，它制约着每个男性或女性看待问题的视角和方式。

刚才我们提到一种偏见，就是说你是女性，你只能做性别相关的问题。还有另一种偏见，你是女性，所以你做的历史研究或文学史研究，就应该和男性研究者的不一样。人们说的不一样是什么呢？就是说你应该是感性的、柔和的、带有抒情气息的。但我的研究就特别理性，为什么女性学者就不能理性呢？

从这点上来说，我反对性别本质主义的所有主张。就人能够达到的思考能力和思考的宽度而言，性别身份本身不应该是一种限制。

王菁：你在过去的文章中也提到，"'身为女性'这一身份和经验本身，决定着我与性别研究之间牵连不断的关联"。能具体展开讲一讲吗？

贺桂梅：这其实涉及我为什么会关注女性和性别问题。我们都知道，性别身份是一种社会建构的身份，也是建构自我最重要的一个维度，它的影响几乎渗透进生活的方方面面。

我们在成长过程中会经历无数敏感的、微妙的、说不清的时刻。我也是到后来才意识到，这些时刻其实是我们和"女性"这一社会性别身份进行博弈的过程。它通常发生在我们做出了一些不符合这一身份的行为，或是我们感受到这一身份对我们的某种限制的时候。在这样的时刻，一旦我们接受自己是一个女性，往往意味着要接受一些我们不愿意接受的，或者是被要求的事情。

作为学者，很原初的冲动就是想要去理解与解答这些困惑。我相信对于一个男性来说，他肯定也存在一些微妙的时刻或对自身性别身份的困惑。但问题在于现有的性别秩序通常有意无意地将男性放置在一个更重要的位置，他们所受到的限制没有女性那么多，因此也就不太会特别关心性别问题。

所以当我接触到女性主义理论时，觉得性别身份及其认同过程是一个我们可以分析、阐释和指认的过程。对我个人而言，这真是很大的一种纾解。后来我很喜欢一句话叫"个人的就是政治的"。这可能也是性别觉醒的一个过程，意识到我们遇到的问题不是私人的问题，而是某种社会结构在个体身上的实践。

王菁： 当你在青年时期接触了这些女性主义理论，再回过头看生活中女性的处境时，会感到愤怒吗？

贺桂梅： 当时肯定是有的，但我现在差不多忘记了。其实我们之所以感到愤怒，是因为无法对这样一种感性的、具身性的不平等体验作出解释。我最有感触的是学术真好，因为它可以给我们解释，让我们不要陷在一种非理性的受害的愤怒情绪之中，而能将这些感性的生命体验化为一种前行的力量。而且不仅仅局限在性别问题之中，它也让我们能对更广泛的社会处境有同情、共情与关切。

<h2 style="text-align:center">当代中国的三次女性话题热潮：
有承继，也有理论的失忆</h2>

王菁：刚才我们提到，20 世纪 90 年代中国社会经历了一次女性话题的热潮。但到了 2000 年前后，这个热潮怎么就忽然消失了？

贺桂梅：我的解释是这样：一来，当时的"女性热"主要是话题式的热闹，起因是 1995 年召开的世界妇女大会。媒体全面参与，政府大力支持，催生出一批女性作家和女性学者。但整个热潮的形成并不主要是一个自发的过程，缺乏自发性的推动力，因此当这个话题不再是热点时，关注的人就变少了。

另外一个原因是，即便在热潮当中，围绕女性话题的讨论也是个人化的、参差不齐的，真正具有反思性的，或是具有女性意识的思考不多。对于当时的男性批评家和学者，以及那些还没有性别立场的女学者、女作家来说，这个热潮并没有促成他们有一个实质性的转变。

所以这一热潮真正的成果可能是推动了像我们这样正在青春期的年轻学者进入这个话题领域；同时也激发了部分学者试图把中国的女性问题推动成为真正有价值的研究领域。

实际上 20 世纪 90 年代中期的热潮中，也确实出现了一批以新的方式书写性别问题的女性作家，比如林白、陈染都是在这个过程中出现在大众视野里。但真正能持续推进话题深度的作品不多，加上市场操作占了很大比重，最后这股热潮就从"女性热"变成了"身体写作"式的"看女性"，进而被资本市场收编。

王菁：近年来，我们也看到新一波女性话题的热潮。例如关于马克思主义女权主义的理论发掘（对"家务劳动"等再生产领域的探讨），对于父权制与社会性别制度的反思，关于婚姻、家庭等性别政治问题的纷争（最近关于彩礼的讨论），以及关于女性内部的阶层分化问题（例如农村妇女的生存问题、情感问题）等。你如何看待当下这些纷繁的女性话题？

贺桂梅：我觉得和当时最大的不同是，最近这些女性话题的热潮是女性自发推动的，大家希望对女性在生活、工作和家庭等场域中的遭遇做出理性的讨论。其中最重要的参与群体多是"80 后"和"90 后"。

为什么这一代尤其关注性别问题？这也有一些可以分析的社会性原因。首要的原因是"80 后"和"90 后"大都是独生子女，在核心家庭里长大，她们成长过程中性别身份的区别没有那么明显。对她们来说，要求性别平等是一件天然的事情。这是前提。

这一代人之所以感到不满，一方面当然是因为她们进入社会，切身感受到女性身份带来的压抑以及女性身份和自我期许之间的冲突。另一方面，她们回看母亲这一辈时，会生发出更大的不满。因为她们的母亲所生活的年代，是还存在着实质性的性别不平等的时期。很多人都是由母亲一手带大，父亲长期缺席。

我记得我在北大讲 20 世纪女性小说课的时候，有个女同学写了一篇文章讲述自己为什么关注性别话题。她说因为她不想像妈妈那样生活。在她的成长过程中，爸爸基本没参与过。她的妈妈年轻时候也是高才生，但后来就成了家庭主妇。我看到《你好，李焕英》这部电影时，就觉得它是这一代人的叙事。

另外我遇到过一些男生也写了自己是在丧偶式育儿的环境里长大的，他们对母亲有很深的感情，但对自己成长过程中缺席的父亲有许多不满。他们是出于义愤才要做性别研究。

我觉得最近这些年的女性话题热潮也是改革开放以来中国社会结构变化的产物，是有内发力的社会性需要。同时，它可以展开的空间也是相对广阔的，可以演化成各种各样的形式。

王菁： 从更长的历史维度来看，今天这一波女性主义热潮与之前几波相比，是否存在延续或者断裂？

贺桂梅： 当代中国经历过两波女性主义热潮。一波就是刚才我们提到的 20 世纪 90 年代，另一波是 20 世纪 50—70 年代的妇女解放运动。

如果我们可以将最近这几年的"女性话题热"称为新一波女性主义热潮，它和 90 年代的关系基本可以被描述为"理论的失忆"。参与这波讨论的年轻人中，许多人可能都不知道 90 年代也有过类似的热潮。所以她们其实还是赤膊上阵，从各自的生活经验出发去谈论性别话题，而缺少理论的追溯和进一步的探索。

有意思的是，这一次的女性主义运动某种程度上复活了50—70年代妇女解放运动的视野和话题。

王菁：但当时的女性解放是放在阶级维度里进行讨论的。

贺桂梅：对，所以当时将它称为妇女解放运动，而不使用女权主义运动或女性主义运动的说法。妇女解放运动和女权主义运动是不一样的。我们有必要区分这两个概念。

女权主义运动是西方社会的一种社会运动形式，而中国的妇女解放运动，虽然最早的理论资源是从西方来的，但它在20世纪中国展开的形式是不一样的。妇女解放运动是和整个的马克思主义理论、民族解放运动，还有中国的社会主义实践紧密关联在一起的。我们必须承认，这种实践本身非常重视女性问题，一直把女性的问题作为整个革命和社会运动的组成部分。

当然它也有它的问题，就是没有特别强调妇女问题的独特性，而是呼吁男女都一样，设定了一个无性别的主体形象。所以毛泽东时代的妇女解放最成功的那一面是，它一举就解决了中国女性的社会权利问题。它在处理父权制、性别与阶级、女性内部阶层区分的问题，还有女性与民族这些问题上，视野是很开阔的。

我们今天提到的这些对家务劳动的讨论、彩礼的纷争、对农村女性的关注，其实是那个年代讨论性别问题的主要方式。那个时候讨论性别问题，设想的主体就是农村女性，而不是知识女性，这是一个阶层的巨大转换。直到20世纪80年代才开始谈知识女性。

另一方面，"前30年"的妇女解放运动中，女性自己言说的空间很小，女性从文化观念上去批判那种性别身份束缚的实践空间也不大。最典型的是丁玲。丁玲当然是革命的，她是一个信仰马克思主义的革命者。同时她也会提出女性受到的不平等对待，比如她的《"三八"节有感》，但是这会被批评为要把女性的问题和党的问题分开。

中国共产党的妇女解放政策，在1943年有一个大的调整。此前基本上关注的是新女性，就是中产阶级的知识女性，受过教育的城市女性。1943年之后，关注点转移到了农村的女性上。整个文化表现上，社会主义的妇女解放形象主要是劳动妇女的形象。

今天谈论女性问题，我认为应该把这两种历史遗产综合起来，要更客观地探究20世纪八九十年代的女性主义遗产和"前30年"妇女解放运动的遗产。它们都有各自的特点，有自己的优长，也有各自的问题。

从"性别盲"到"阶级盲"，
女性话题不是单一的性别话题

王菁：我记得你在《女性文学与性别政治变迁》里用过一个特别好的比喻来形容这两次思潮——从毛泽东时期妇女解放运动的"性别盲"到20世纪八九十年代女性热潮的"阶级盲"。

贺桂梅：这也是因为文学是一个特别"中产阶级"的领域，20世纪八九十年代，女性文学的作者都是知识女性，作品也主要表现知识女性，因此在谈女性问题时遮蔽了很多阶级维度的问题。20 世纪 90 年代那种个人化写作，它所说的"个人"不是普遍的个人，而是中产阶级内部的个人。21 世纪这一波浪潮，包括刚才所说的这些家务劳动、父权制等制度性问题，也只是很多声音里面的一个声音，而且主要限于学院和知识界。

如果我们去看大众文化领域呈现出来的女性话题，就会发现他们关注的焦点与文学界有所不同，最有意思的就是宫斗剧。比如《甄嬛传》《延禧攻略》这样的大女主剧，它们的设定首先还是在"后宫"，然后再去讨论女性要如何"上位"。本质上是中产阶级女性的叙事方式。

强调中国妇女解放运动的历史遗产，也是因为对于谈论性别问题来说，这是一种很好的平衡。如果我们参照邻国比如日本、韩国等谈论性别问题的方式，这些国家在 20 世纪 80 年代也发生过女性主义运动，但结果就是把女性的问题变成了一个特殊群体的问题以及单一的性别问题，而不是整个社会所需要面对和解决的问题。

与此同时，我们也要注意这次讨论的主体更多还是中产阶级的女性。而对中国的农村女性，以及城市里更为普通的女性来说，她们所承受的是更大的性别束缚，不平等更多是渗透和沉积在日常生活、日常观念里。很多时候，她们可能会将这些束缚视为理所当然。

学术界尤其需要自反的能力，但这一自反的能力有多强，是否具有更大的社会效力，视野是不是局限在性别这个单一的领域里，这些都需要我们做出更多的努力。

王菁： 近两年，还有一个比较热的话题是关于全职家庭主妇的讨论。这也涉及女性长期面临的两难选择——家庭还是事业，孩子还是自己。之前张桂梅老师关于女性不要当家庭主妇的言论也引起了不小的争议。你怎么看？

贺桂梅： 张桂梅能够成为一个热点，我觉得是很有意思的现象。她是近十年关于女性和性别问题被推举出来的一个热点人物。主流社会观念都是要让女性先上学，让她们成为独立的社会成员，结果不少女学生毕业后去找了一个好老公，回家做全职太太了。张桂梅受到关注是因为她对自己女学生们的不满把这样一个女性命运的问题折射出来，就是：你受了教育又怎样，最后还不是要回归家庭。

20 世纪 90 年代初修订过一次婚姻法。郑也夫那时候出版了《代价论：一个社会学的新视角》这本书。"代价论"的意思是说，为了整个国家和民族的发展，必须有一些人作为牺牲品，承担代价。当时女性的反应很大，对他的批评也很厉害。有一个人大的副校长公开支持全职女性，也被骂得很厉害。所以让女性回家这些讨论其实一直存在。

所有的女性问题或性别问题会面临一些根本性的原点问题，比如说生育问题、家庭模式问题、社会性别身份问题、儿童社会化问题、职场领域的性别不平等等。所以我们在讨论女性问题的时候，我比较倾向于不是笼统地谈，而是首先区分不同的领域、不同的层面，比如说在生育这个问题上谈，在家庭的问题上谈，在工作和社会层面谈，在文化领域谈。因为一个女性从小到老的整个生命过程，每个阶段所遇到的焦点问题是不一样的。与此同时，所有这些问题构成总的女性问题系。因此，一方面要区分不同的问题域，同时也要对性别身份导致的结构性、原点性问题有总体的认识。

王菁：就你的观察来看，有没有一些新的女性主义理论资源出现？

贺桂梅：我一直比较关注这块，市面上能买到的新书我都会买。就我的认知来说，从理论而言，在性别话题的深度和广度上，我自己比较喜欢20世纪六七十年代出现的社会主义女性主义理论。近些年学生们都很关注日本学者上野千鹤子提出的厌女症问题，以及许多中国学者对性别社会问题的探讨，感觉上，这些讨论在社会科学研究领域会相对深入。

王菁：这种理论资源迟迟没有得到突破的原因是什么？

贺桂梅：这也不只是女性主义理论的停顿。我认为，理论的能力其实是一种整体性的想象力问题。西方社会20世纪六七十年代是非常有想象力的时期。那时候的人们相信解放，也愿意通过行动和思想的实践去推进社会议题。20世纪80年代以后，整个社会进入一个缺少想象力的时代，也可以把它叫新自由主义时代。从理论的层面来说，六七十年代出现了诸如福柯、斯皮瓦克、萨义德等一批知识分子。但是80年代以来，西方马克思主义理论也没有出现更新的突破，反而遭遇很多理论困境。而中国社会从20世纪五六十年代的妇女解放运动到 80 年代女性问题的提出，也经历了相似的过程。

近三十年来，无论是中国还是全球，在理论的想象力上，我认为并没有很强的原创性突破。在女性问题方面，不能说没有推进，比如巴特勒等人的出现，但是这些理论都是哲学式的、学院式的，缺少社会实践和社会动能，最终局限在学院内部。

所以还是回到关于社会想象力和理论想象力的问题。比如说在 19 世纪，我们都相信要追求一个更平等的社会，所以劳工运动、女性运动都在不断推进。这也和整个工业革命所塑造的一种新的社会组织形态相关。

但近三十年来，我们没有这样一种信念和诉求。一方面，社会主义实践进入冷战的终结阶段，另一方面工业社会已经走进后现代社会。人们越来越生存在一种系统化的、高强度控制的、技术主义把控的状态当中。

王菁：无论是毛泽东时代的妇女解放运动还是 20 世纪 90 年代的"女性热"，它们都有各自的优长和短板。对于今天这一波女性主义思潮，我们需要特别注意的问题是什么？

贺桂梅：首先要了解前面的女性解放的实践史。我们现在很多的讨论都是失忆式的，也就是不关注也不大了解前面有过的实践、做出的理论累积。但如果不了解历史，不知道前面的人做过什么，就难以判断造就性别问题的社会原因，无法在前人的基础上继续推进，更别说吸取前人的经验教训进而在现代性视野中做出新的突破了。

另外一点是需要人文学的想象力。就是说我们在谈论一些个人的或特殊群体的问题的时候，如何把它放到一种更大的视野和更大的社会结构中来讨论。这个话题的批判性和生产性不是仅仅局限在被学院、媒体、话语权、阶层等因素限制的范围内，而是能够形成一种总体性的社会共识，形成有效的判断并生成改变现实的诉求和力量。

"新启蒙"、现代化理论与人文学的想象力

构成当时诸多思潮的，是一套"现代化理论"的范式

王菁：我们来谈谈最近再版的《"新启蒙"知识档案：80年代中国文化研究》这本书。你对当时的文化思潮、文学观点、价值观念做了系统性的梳理，也带有很强的反思意味。回望这项研究，你会如何评价它在你的诸多研究中的位置以及它在20世纪80年代研究中的位置？

贺桂梅：整体来讲，《"新启蒙"知识档案：80年代中国文化研究》是我第一本成熟的学术著作，也是我的研究风格和思想视野逐渐成熟的体现。这本书脱胎于我的博士论文，当时做的是《80年代和五四传统》。选定这个题目时，中国知识界正在展开"新左派"和"自由派"的论战。我作为中文系学生卷入其中，思想上受到很大的冲击。

但在当时，我对 20 世纪 80 年代没有很深的累积，研究得很吃力，完成以后也不是很满意。后来我花了十年的时间做了其他的工作，再回头用知识社会学的视野重新研究 80 年代。直到 2010 年，这本书才正式出版。到 2021 年再版，我仍然觉得这本书没有过时，而且可能未来一段时间都不会过时。

对于 80 年代文学与文化，学界往往把它当成一种现实性的对象来加以描述，缺少历史化的视角。主要研究有以下几种：一种是历史当事人的采访；一种是在 80 年代的知识体系中，将 80 年代文学分为伤痕文学、反思文学等，进而在历史化的面向上做一些作家作品的研究；还有一种是比较基础的文学史资料整理。

《"新启蒙"知识档案：80 年代中国文化研究》这本书带有跨学科、跨领域的研究视野。我的导师是洪子诚老师，他的学术纯度很高，我受到他指导的学术训练，所有问题的讨论都要基于史料。我在这项研究上下了十年功夫，很多的精力都在梳理和阐释各种史料文本。对 80 年代这六个思潮以及相关史料的把握，我自认为是比较全面和严谨的。

王菁：你在《"新启蒙"知识档案：80 年代中国文化研究》的绪论里涉及许多方法论层面的思考，也提到这本书的主要考察方法是"知识社会学"。知识社会学强调知识与权力之间的运作关系，能不能讲讲为什么选取这样一种研究框架？

贺桂梅：知识社会学主要是曼海姆提出的理论。曼海姆讲过一个农民的儿子的故事：如果一个农民的儿子一辈子就在村里生活，他的视野就局限在这个村庄里面，村庄塑造了他的世界观。但当他到了城市之后，就会意识到自己原来的那些价值观是有限的，是和村庄这个环境嵌套在一起的。同时他也意识到自己还可以有更大的视野，看到村庄之外的世界是什么样的。

这个故事说的是知识社会学的一个基本思路——每一种理论和知识都有它的视角性。这也是我所关注和强调的，任何理论阐释肯定是特定视角下的阐释，而不是普适性的阐释，哪怕这一理论具有普遍的解释力，也一定受制于研究者置身的环境与他所生活的时代提供的视野。

知识社会学的另一重要特征在于强调从"总体意识形态"和"整体社会结构"的角度，来理解"特定意识形态"，即个体的、经验性的特殊表述。特殊的意识形态是说个人的所作所为所思所想是受到环境限制的，而我们可以在一种更大的总体性社会结构里面来解释这些特殊性。

因此，当我们重新考察 20 世纪 80 年代的中国文化，知识社会学的好处在于它一方面强调任何知识都有其视角性，强调 80 年代所生产出来的知识与当时的社会语境的关系；另一方面也要求我们以一种新的超越性总体视角，来重新定位那些文学与文化思潮背后的知识装置与历史内涵。

王菁：在讨论 20 世纪 80 年代文化思潮的时候，你也提出过这些思潮背后都有一个共同的现代化范式。如何理解现代化理论范式对当时知识界的影响？

贺桂梅：现代化理论实际是由 20 世纪 60 年代美国社会科学界精英所发明的一套叙事。第二次世界大战之后，世界范围内出现许多摆脱殖民统治后新成立的国家。对于这些国家来说，可以走美国式的道路，也就是所谓民主国家资本主义道路；也可以走苏联式的社会主义道路。现代化理论叙事实际上是在冷战格局中如何争夺这些国家的领导权背景下发展出来的。

争夺不仅仅是权力、军事的争夺，也需要知识的争夺。当时的美国便集结了包括哈佛大学在内的高校的知识分子，共同提出了现代化理论。

如果回到 20 世纪 80 年代中国知识界，这本书里提出的人道主义、现代主义、"寻根"思潮、"文化热"等文学思潮，它们在激发人的感情时，背后都涉及对中国社会的总体性设想。而这套设想的资源就是现代化理论。比如人道主义思潮是关于人的理解，强调人性是自然的，要与政治性对立等。这套说法和现代化理论对于个体的描述是一致的。

当然，当时中国社会对于现代化理论叙事的接受也不是简单的移植，而是围绕当时的历史处境和特定思想资源进行的再生产过程。我在书里也强调它其实是作为现代化理论的范式被人们所接受。实际上，80 年代能提供的全球性的意识形态就是现代化理论。

当人的生存境况发生根本性转变时，
我们尤其需要"人文学的想象力"

王菁： 对20世纪八九十年代的怀旧是当下文化中的突出现象，侧面反映了大家对于当时的时代面貌与精神气质的向往。在你看来，当我们今天提到20世纪80年代，它留给当下最重要的遗产是什么？

贺桂梅： 事实上，当前中国知识界占据主导的知识范式、知识形态和价值观都是在20世纪80年代形成的。可是中国社会已经发生了很大的变化，如果还是沿用80年代那一套知识体系、价值观和世界观的话，我们根本就不能回应21世纪的问题。

我们需要将80年代还原到特定的历史语境、全球格局和社会结构中，这样一来，我们才会看到80年代和"前30年"的关系并非全然的断裂。如果没有"前30年"的积累，包括经济体系、革命意识的塑造，80年代就不会发生。如今回看，虽然当时的人们从灰色的"文革"时期走来，对于过激的社会主义文学和文化很不满，可实际上整个文学领域的组织形态都还是社会主义式的。人们对于新的资本主义世界体系的想象方式，也都是社会主义的一种无意识或潜意识的投射与重构。

80年代在今天的意义，当然不仅是知识性的意义，因为80年代所生产出来的知识是有限的。更重要的在于80年代那种突破僵化的现实格局、探寻新世界的精神和情感气质。

80年代人们最喜欢说的词叫"启蒙"，我这本书也叫"新启蒙"。这是因为80年代的镜像是五四时期，当时人们想要接续五四传统，重新启蒙。但启蒙的实质性内涵究竟是什么？启蒙本身是一个精神气质问题。它的初衷是我们要认识自己，摆脱未成年状态。在西方文艺复兴时期，人们要达到启蒙的精神气质，就要去追求一套特定的知识，也就是人文知识。80 年代人们所接受的也正是这一套知识。

我们今天重新理解 80 年代的新启蒙，主要涉及两个层面：第一，我们要有勇气认识我们自己，这是启蒙的最终目标。第二，我们如何认识我们自己。这里我想提一下福柯。在福柯看来，当我们说认识自我时，并不是说人可以不受任何限制，自由的含义也并不是说不受任何限制。启蒙的含义是关于自我的批判的本体论，也就是首先要认识我们是怎么成为我们的，我们为什么变成了这个样子，我们为什么这么想问题，这么说话，这么做事情。接着，福柯又说我们要做一种知识考古学，厘清我们怎么成为今天的自己，然后，再去撼动那些我们可以改变的东西。也就是说，在承认既有的历史条件的前提下，我们要去改变那些偶然的、可以重新打开的地方。所以他说的自由不是抽象的自由，而是在已有的条件里去探索新的可能性。

王菁：这让我想起你在书里提到的"人文学的想象力"。

贺桂梅：对，这是我特别想要提出的一点。这一概念最初的灵感来自米尔斯的《社会学的想象力》。米尔斯所说的"社会学的想象力"主要针对的是主流的、体制化的社会科学，体制化的社会学太过关注数据统计，缺乏反思能力和批判能力。他认为，社会学的想象力的意涵在于把环境中的个人困扰和社会结构里的公共议题沟通起来。这是一种特别具有生产性和批判性的思路。

延续这一说法的是英国的吉登斯。他在《社会学：批判的导论》

中提出，除了社会学的想象力，我们还要有历史的想象力，也就是说，我们不仅要知道今天，还要知道过去的人类是怎么走过来的。同时他也提出人类学的想象力，就是不能说我们熟悉的现代社会群体的组织方式是唯一的，而应该尊重人类历史的所有经验以及那些与欧洲不同的文明形态，它们的生存方式自有独立的意义体系。

我最早提出"人文学的想象力"，主要针对的是文学界的说法，尤其是从 20 世纪 80 年代到 21 世纪，文学界一直强调纯文学，要将文学从政治控制的语境里摆脱出来。这也使得文学开始陷入纯审美的、纯个人的、纯感性的领域，和社会的互动变少了。

这样的观念不是不对，但它实际上制约了作家，也制约了研究者。我最近参与北大中文系的小说奖评选，密集阅读了 2015 年到 2017 年之间的三十多部小说作品。我真的觉得我们的文学变得好没有力量，大部分作品都是以个人的视点讲述自己的困扰与焦虑。小说经常就是以死亡或从生活中消失为结局。这种个人化的纠缠所指向的是一种没有希望的生存境况，让人读得很郁闷。

对纯文学的过分强调也让文学研究的视野越来越狭窄。文学批评开始变得越来越专业化，聚焦的问题和材料特别细小。对文学性的理解最后都落入抒情和审美，最多谈及语言艺术，而失落了文学之为文学的那种解释世界的根本性视野。

呼吁人文学的想象力，其实是打开自己，将个人的问题、文学的问题放到一个大的社会结构关系层面进行讨论。第一步就是要跨出去。我们要知道同时期、同结构下，其他学科在谈论什么问题。这必然牵涉到理解社会结构和国家的组织方式。这方面，社会科学是最有效的。但如果文学只是跟在社会科学后面，也是不行的，还是要在文学的学科体系、结构关系上发挥它最独特的力量，即基于人的感性和情感的体认。这种体认表面上看起来是非理性的，但其实是人的潜能的发挥，你的视野越大，你所能想象的空间就越宽阔，文学的能量也就越大。所以人文学的想象力最初是为了重新激活文学的力量。

王菁：对于当下的社会境况，人文学的想象力能为我们带来哪些启发？

贺桂梅：首先还是要回到人文学这一概念。人文学，广义上是指以人为中心的思想，包括与人相关的价值、情感及体验。它最早是在欧洲启蒙运动里提出的，在摆脱宗教控制的过程中形成了这样一门学科，也构成了 16 世纪以来西方人文学知识的主脉。

回到中国的语境里，我们文化的传统其实一直都扎根于人文主义脉络。与强调人的自然本性的人道主义不同，人文主义更强调人自身的修养和修炼所能达到的境界。孔子说"子不语怪力乱神"，我们不说那些我们不知道的东西，只做那些人力所能做的事，同时要知其不可为而为之，以"修身齐家治国平天下"。这种人文传统特别强调人的能动性力量。

之所以这个问题在今天变得特别迫切，是因为组织整个社会的方式发生了根本性的变化。比如说互联网、人工智能、基因工程等技术的发展，不单是将人从现实世界隔离到虚拟空间，也改变了社会运作的形态。其中有很多技术性的支配力量实际上是反人的或非人的，而人本身最为独特的、最具有人文性质的内涵在今天似乎都可以消失。这样一来，人的生存状态也会变得越来越消极和被动。

召唤人文学的想象力，首先要认知人的被动状态。也就是说，要重新认知今天这些制约着人的生存状况的历史性条件及物质性基础，也包括技术控制人的基本方式。

现在有两种引人注目的人文研究思路：一种叫"后（新）人类主义"理论，就是说我们不是以前我们所认为的"人"，另一种是复兴古典学。古典学研究认为，现代世界里的人越来越病态化，所以我们要回到现代和古典交战的那些基本问题上，从例如《论语》《理想国》这些经典里面汲取力量，因为它们对人的理解是更整全的。这种思路肯定是需要的，但是古典学的兴起并不意味着我们都要回到古典时代，而是我们要重新去学习和把握这些经典所提供的关于人创造自己、创造世界的方式、视野和能力。

同时，人文学的想象力强调的还是人的能动性，我们需要在把握现有的物质条件和组织形态的基础上，用当代人的方式去想象属于人的世界是什么样的。

王菁：学界对这本书的评价有发生什么变化吗？

贺桂梅：我的研究一直都是既在专业里面，又跨在专业外面。文学界做当代文学特别是 20 世纪 80 年代文学研究的人会比较多读这本书，它也是一本基础性的参考书。如果仅仅从文学研究去看这本书，很多人对我使用的理论会觉得陌生，所以阅读起来会比较困难。

另外，许多文学研究者比较习惯那种对作家作品的批评讨论，而我会把作家作品糅到一个思潮里讲，同时还带着自己的问题意识。因此，在专业圈里比较有深度的讨论也不多。

有意思的是，我听到的许多反馈来自文学圈以外，比如社会学、艺术学、历史学这些学科的学者会更多跟我谈起这本书。

女性榜样、治学生活与学术抱负

女性榜样：跨越年龄和代际的命运汇流

王菁：在你的研究生涯与生命经验中，哪位女性对你产生过重要的影响与启发？可以是学术意义上的，也可以是性别意识层面的。

贺桂梅：丁玲对我的影响比较大。一方面是我很喜欢她的人格样态和文学创作，另一方面我也觉得她是需要重新解释的，我不能完全以喜欢一个作家的方式去对待她。

因为我是研究女性文学的，当然会大量接触 20 世纪女性文学经典作家，比如远一点的有冰心、庐隐、丁玲、萧红、张爱玲，近一点的有张洁、王安忆、铁凝、林白、陈染等。我的一些朋友特别喜欢萧红。虽然我觉得萧红很有天分，也很有文学才华，可我真的不大喜欢她身上那种自毁自怜式的调子。丁玲的自我是强大的，她最重要的特点在于敢于不断地跨越自己。最初她带着《莎菲女士的日记》等作品，以最摩登、最激进的形象出现在文坛，20 年代后期她向"左"转，开始表现"他人"，即老百姓、普通人的生活。夏志清等人觉得丁玲的这种创作转向，是她江郎才尽的表现。但我觉得她最大的勇气就体现在这里，她敢于跨出自己的舒适区，去表现自己不那么熟悉的普通民众，敢于突破中产阶级女性自我的局限，并在艰苦的磨炼中形成更加结实的自我。

在我看来，丁玲是20世纪最具女性意识的女作家。她的性别立场很明确，她的文学创作也始终关注女性问题，同时不限于女性问题。80年代丁玲晚年受到的争议尤其多。最近一年多，我重读她晚年写的许多作品，包括写她自己30年代被幽禁、50年代被批判，以及北大荒经历等的作品，我觉得她晚年的精神境界很阔大，同时有一点自嘲，也有一点无奈。不过这些都还没有得到更有效的阐释。

王菁：女性学者这块呢？对你影响比较大的是谁？

贺桂梅：北大这边有许多出色的女性学者，包括戴锦华老师、乐黛云老师、夏晓虹老师等。对年轻的女学生来说，她们的存在是一件很值得欣慰的事情。比如说当你作为一个女学生，被性别问题困扰，经受周围人的怀疑和自我怀疑时，你忽然发现戴老师还能做得那样好，就有了勇气和动力，仿佛她们在前面，作为学生跟在后面很踏实。这也是我做学生时候的心态。很大程度上，她们构成了我作为女性学者的学术传统。

当然，戴老师对我的影响更大一些，她为我打开了一个全新的学术和思想领域。如果北大中文系没有这些女老师，我估计也不会有太多学生做女性研究。戴老师当时就是明星老师，她在北大的课一直一座难求，很多学生特别是女学生都很喜欢她。但对我来说，我会更愿意深入到她的学术理论中去。戴老师教会我的，第一是理论层面的打开。戴老师主要研究电影，语言学转型后的理论在电影领域是发展得最早，也是最成熟的。当时我们中文系的主要学术理论资源还停留在审美批评、新批评理论，戴老师给我带来的是一种全新的理论资源和批判视野。第二是她的研究格局。戴老师不仅做理论，也做电影研究、性别研究、大众文化研究。这些都是非常前沿而且覆盖面很宽的领域。

从生活到学术："走出去"，与现实对话

王菁： 在学术研究之外，你日常都喜欢做哪些事情？

贺桂梅： 看电影和读书。也喜欢到各地走走看看，以前纯粹是旅游，现在更希望通过自己的眼睛看看中国社会，特别是基层社会的实际情况和变化。过去一段时间，我把家里的书柜书架都整理了一下，重温那些经典的书籍和电影。

我大概有四五年的时间，主要的休息方式是看电影，几乎每天都看一两部电影，有时间可以休息、坐下来的时候就会看。我看电影当然是有一些选择性的，一类是史诗性的影片，以及一些涉及根本的价值观，比较具有深度的影片，比如说《黑客帝国》《一代宗师》《十诫》《教父》等。这种选择也跟年龄有关，人到中年以后，有相应的人生经验和思考的积淀，即便是休息式地看电影，也不大可能是纯粹娱乐式的放松，而会选择那些能够提供一些反思性的思

考，涉及人生的一些根本性问题或社会问题，而且艺术质量比较高的影片。还有一类是亚洲的武侠电影，因为比较轻松，也因为我对这一类型的电影比较感兴趣。另外我也会根据兴趣集中时间看一些国别和区域电影，比如韩国电影、日本电影、英国电影等。当然中国（包括香港、台湾地区）各个时段的电影是必看的。这主要是为了做研究而看。

以前买了很多书，好多都没有时间读。原来都是为了写论文或写书而看，现在主要是根据我感兴趣的一些问题，比如说像布罗代尔关于地中海世界与欧洲文明的书，还有辩证法理论、古典政治哲学、批判性社会科学、帝国与传播、沃勒斯坦等反思社会科学和世界体系理论的书籍，以及各种中国文明史研究的著作与经典。当然，这样的阅读潜在的动因都是希望在更开阔的视野中理解当代中国。

王菁：你曾提到，当"20世纪""中国"和"文学"成为需要被追问和质疑的范畴时，我们需要重新讨论、命名和论述20世纪中国文学史。"重写文学史"似乎是你一直以来的野心，你也试图从中建立自己的理论风格。你会如何描述这种理论风格的原创性？在现代文学史、思想史领域，你想要激活或者打开的是什么？

贺桂梅：我确实有"重写文学史"和建立自己理论风格的诉求，这是一以贯之的，简单来说是我力图把社会与文化理论、文学史、文学批评三者结合起来。一方面，我比较重视文学研究的历史维度（所以被称为"学院派"）；另一方面，我也注重从理论出发，立足文学研究，回应当代中国的一些根本性问题（所以被人称为比较晦涩），注重对重要作家和文本的重新解读（这是批评的含义，但不仅仅是当下批评）。

中国现当代文学研究与批评曾经在很长一段时间（20 世纪 50—80 年代）处于整个思想界的前沿位置，但 20 世纪 90 年代以来，因为对纯文学和专业化的强调，研究界很大地丧失了回应社会现实问题的能力。我试图在社会–历史的总体性视野中，重新激活文学（文艺）研究的活力。

所谓人文学的想象力，既是"走出去"，从专业化的文学研究中走出去，和社会研究、政治经济学研究对话，也是"再激活"，把文学研究放在社会科学研究、人文研究的总体性视野中，讨论它可能具有的思想力和与现实对话的能力。

王菁：你接下来有哪些研究计划？

贺桂梅：我的研究计划还是两大块，一直在推进中。一是关于当代中国的研究。我已经做完了当代中国五个时段的文学史研究，接下来希望自己能从文学和文化的角度，对现当代中国的核心问题形成具有个人思想特点的综合性研究成果。另外是性别方面的研究。我在性别研究这块做了很多年，但目前出的成果就只有一本书。其实 2021 年我刚写完一本书，用九个女性形象来讲当代中国性别制度的变化，但还需要做些修改。还有一本是关于 20 世纪女性经典的书，很快也会出版。

性别研究其实是一种综合性研究。既需要理论的累积，也需要对现实问题的把握。我希望之后能将文学研究和社会研究、大众文化和理论问题、20世纪历史经验和当下中国问题综合起来，做出一些更具个人学术风格的突破。

（收入《开场：女性学者访谈》，新星出版社 2022 年 11 月出版）

与五位作家同行

访谈人：王振峰 ①

　　王振峰：《时间的叠印：作为思想者的现当代作家》开篇就点明，这本书的研究方法是"以个案带问题"，由此选择五位典型作家——萧乾、沈从文、冯至、丁玲和赵树理进行个案分析。您提到选择的出发点是创作风格和思想取向的差异性和代表性，这背后也隐含着一系列 20 世纪 40—50 年代受到普遍关注的命题，能否具体谈一下？

　　贺桂梅：正像你说的，我选择这五位作家的基本着眼点，不在他们于 20 世纪 40—50 年代做出回应及选择方式的相同，而在他们的不同；这种不同又不仅仅是个人性的，而各自代表了某一类型的作家群。因此分析的是作家个案，但提出来讨论的是那个大时代中作家们会普遍遭遇且必须做出自己的判断与选择的问题。由此希望

---

　　① 王振峰，商务印书馆编辑，访谈时为生活·读书·新知三联书店编辑。

在研究格局上达到"点"和"面"之间的平衡，更为"立体化"地呈现当时存在着的不同思考维度和文学实践面向。

我做了较大范围和跨度的阅读，希望掌握尽可能多的文学史资料和作家情况，最终依据其带出的问题脉络在当时的典范性，选取了这五位作家展开个案分析。由于想要呈现转折期大的历史和文化格局，因此我更关注的是作为"思想者"的作家形象。与一般文学研究主要关注文学现象、作家生平、文本美学等不同，我更关注他们作为自主性的思考者如何理解、阐释、回应时代的变化，并实践在文学创作之中。在此，"文学"不被视为一种不言自明的书写机制，而是作家表达、介入、创造时代和自我的主要社会实践方式。本书的"思想史"风格由此而来。

第一章谈萧乾，是希望用他来呈现 40—50 年代中国作家普遍具有的民族认同与爱国情感。萧乾以及当时的许多作家实际上具有多种选择的可能性。萧乾有着较为丰富的国际性生活经验和观察视野，他抗日战争时期是在欧洲度过的，从事的是负责战地报道和国际时评的新闻记者工作，并形成了自由主义左翼的政治立场。表面上看，他的思想与中国共产党的政治理念有许多不相吻合的地方，但他还是放弃了剑桥大学的邀请，主动脱离给予他优厚待遇的上海《大公报》，而参与到由中共地下组织在香港组织的左翼报刊活动中，并随之回到北平。关键原因在于，回到故乡和祖国，参与建设一个生气蓬勃的新中国，是当时所有具有爱国心和民族情感的知识分子的共同选择，萧乾也不例外。

在第二章分析的沈从文那里，这种民族情感也占有重要分量。

沈从文秉持的是用文学来完成"民族品德的重造"的创作理念，因此他和左翼文坛的主要矛盾，并不是抽象的文学与政治之间的对立，而是不同的文学实践形式和政治改造方案的冲突。本书重点分析了沈从文在20世纪40年代的创作探索及其内在困境，认为新中国话语秩序的确立加重了这种困境的严重程度，使得作家个人的文学探索与时代主流的社会秩序之间产生了难以调和的冲突。

第三章讨论冯至，是想与沈从文的个案之间形成一种对话关系。冯至曾被视为40年代文坛最具个人风格的中间派作家，但他在40年代后期却顺利地融入新话语秩序。简单地用个人与集体（社会）的对立逻辑是难以解释这一现象的。本书重点考察冯至在个人修养这个层面的持续推进，他如何借助里尔克、歌德、杜甫等思想资源而探索到一条连接个人与集体的通道。这也是希望在大时代语境中同时丰富对"个人"与"社会"这两个关键范畴的理解。

第四章和第五章选择丁玲作为分析个案，主要考虑她在中国现代作家中最早在延安时期即成功地经历了话语转型，并在40—50年代之交成为新中国最耀眼的作家。她与中国革命体制之间经历了长期的磨合过程，可以说这一过程深度呈现了现代文学向当代文学转型并推进展开的内在逻辑。其中有矛盾和冲突，更有同向同行的共生性探索，由此可以呈现出知识分子与中国革命的立体性面向。

第六章和第七章以赵树理为个案，他是与新中国、当代文学同时崛起的典范作家，讨论他如何被评价、接受并树立为方向性作家的具体方式，也就是呈现当代文学主导规范确立的过程。同时这本书分析了赵树理文学的独特现代性内涵，从而在传统与现代的双重维度探讨当代文学实践的独特历史意义。

王振峰：具体到作家个案，您试图通过描述作家的思想变化、创作历程和生活经历来分析影响作家做出选择的精神构成、时代因素以及偶然遭际。其实在探讨这个内在思路的过程中不可避免地会掺入主观推测的成分，您如何处理必然与偶然，如何平衡这种关系从而尽量保持研究的客观性？

贺桂梅：这本书希望构建一种"多层次""立体"的文学史图景，也是希望我的研究不被锁闭在"历史必然性"之中，而能呈现出当时作家在思想脉络、文学实践和个人选择上的多样性及自主性。同时，作家们也确实存在着共同的选择趋向，即所谓"时代大势"。只有在这种多元的历史大视野中，新中国的感召力才能真正呈现出来，新话语的文化领导权才能真正确立。这意味着要回到"历史现场"，在多种可能性和多元力量的博弈关系中，呈现当代文学如何发生。从作家个体这个侧面，每个大时代都会有一种人们能够感知却难以言说的"大势"，但这并不是可以毫不费力地获取的"标准答案"，而需要人们调动自己全部的经验、能力和思考去不断地捕捉和把握。因此这种"大势"在不同的人眼中和生活中也会呈现出不同的形态，生活在历史中的人们其实是在面对无数可能的瞬间最终做出自己的选择。

作为后来的研究者，重新描述、分析这个历史过程当然要加入主观推测和阐释的成分，但是无论怎样，作家们选择的结果已经发生了，研究者只能围绕这个"结果"，综合各种必然或偶然的因素进行再阐释。因此，问题不在于研究者的主观性，而在于如何尽可能多地把握各种材料，推演出作家当时做出那种选择的原因。

这些材料包括几种：一种是作家自己的说明。不过也不能完全相信这种说明，而要分析材料产生的具体语境，仔细辨析作家试图凸显或掩盖的因素、在何种情境下做出这种言说，以及不同时期的说明方式。比如萧乾对于 1949 年做出的选择，在 20 世纪 50 年代初期、80 年代乃至 90 年代都有说明，但存在微妙的出入。辨析这些材料意味着研究者应该比研究对象站得更高、看得更多，而不是去论证研究对象的说法。第二种是作家在 20 世纪 40 年代、50 年代的创作实践和留下的文学作品。这是研究者可以发挥很大阐释空间的史料。文学作品是作家思想脉络、精神状态和文学观念的具体呈现，他们作为思想者的特点主要通过创作表现出来。比如沈从文，他在 20 世纪 30 年代后期至 40 年代的创作实验与左翼文学的发展方向有很大的距离，同时他这种探索又遇到很大困境，我认为这是导致他在 1949 年遭遇极大精神危机的重要因素。第三是各种文学史、历史研究材料，包括对于同一对象、同一事件，处于不同立场、不同情境的历史人物的言说，也包括不同时期累积的相关历史研究（包括传记、事件研究等）材料。考虑到许多事件中包含的人事恩怨，研究者更需要从多个侧面、利用多种材料来尽量"复现"当时复杂的历史情形。

在尽可能多地掌握这三种材料之后，研究者才能发挥自己的主观能动性展开带有推测性的阐释实践。说到底，学术研究本身就需要研究者的主观介入，但"历史并不是任人打扮的小姑娘"，如何摆脱各种先入之见而尽量依靠掌握的材料来说话，这也是对研究者能力的考验。所谓客观性也就是尽量做到言之有据、言之成理吧。

王振峰：在许多研究者那里，沈从文已成为"因政治外力压抑而中断写作"的一种典型象征，对此您并不认同，并提出沈从文在 20 世纪 40—50 年代之交的表现是他内在创作和思想发展的必然结果，他的创作危机本身就在所难免。您可否进一步谈一下这种转变的必然性？

贺桂梅：沈从文确实在 20 世纪 40 年代—50 年代的转型过程中遭遇极大的精神危机，并且中断文学创作而转行成为文物研究者。肯定不能说他的这一变化与"政治外力"无关，但我认为只强调外力并不全面，而应将外力和内因这两方面结合起来才能解释他这种反应的激烈程度。所谓内因也就是沈从文 40 年代的创作探索所遭遇的内在困境和精神危机。

沈从文 40 年代的主要作品包括散文《烛虚》《七色魇》，小说《看虹录》《摘星录》《长河》《雪晴》等，追求一种带有实验性的现代主义风格，或"从深处描写"的实验性现实主义风格。强调这种"实验性"，是因为沈从文在有意识地探索一种新的创作形式，这种形式不同于他 20 年代—30 年代的《边城》《湘行散记》等作品。同时，这种创作实验包含着较为艰深的思想探索，我称之为超人哲学式的"宇宙整体论"，即试图构建一种小至个人、一花一草，大至国家社会、宇宙万物的思想体系。他将之描述为尼采式的孤立、佛教的虚无主义和文选诸子学，以及弗洛伊德、乔伊斯等造成的思想杂糅。这种紧张的探索实际上已经极大地影响了沈从文的精神状态，他说"神经已发展到一个我能适应的最高点上。我不毁也会疯去"。

加上因政治立场不同而与左翼文坛争论造成的外在压力，内外的矛盾交汇使得沈从文在转折期精神崩溃。呈现这种内因，并不是为政治压力开脱的说辞。沈从文确有一些看法与左翼文坛不同，但他与郭沫若、邵荃麟、冯乃超等人的争论乃是文字之争，虽然北大学生在校园贴出了大字报，但新政权并未采取什么控制手段。这一点是可以确定的，这也和苏联、东欧等的相关情况不同。当时新政权还是尽力采取"治病救人"的温和手段将他吸纳进新秩序中。与同样在 1948 年郭沫若的《斥反动文艺》中受到批判的朱光潜、萧乾相比，沈从文的反应不能不说是过度的。他说自己是"唯一游离分子"，与他持同一政治立场的朋友们都对新政权表现出了积极的认同，也说明了这种反应的特殊性。

沈从文 40 年代的创作实验、思想探索是未完成的，但这不是由于 40—50 年代的社会转型，而是 1946 年从昆明回到北京时，他就基本停止了这类创作。他转行文物研究，其实也并非突然。1936年至 1937 年间沈从文也出现过一次创作的停顿，那时他就开始花费不少时间收集和研究文物，此后这一直是他的一种爱好。因此1950 年他转到文物研究，也有其必然性。

但我更想提出沈从文 40 年代创作实验和思想探索的重要性。

40 年代是中国知识界特别开放和多元，并形成了丰硕成果的时期，这在整个 20 世纪格局中都具有值得重视的意义。比如这个时期的冯友兰完成了"贞元六书"、费孝通写出了《乡土中国》、梁思成和林徽因确立了他们的建筑研究风格、贺麟完成了黑格尔哲学研究等，而包括沈从文在内的文学界，像冯至、巴金、老舍、萧红、端木蕻良等作家，也都形成了新的创作主题和创作风格。沈从文的创作与思想探索并不算例外，而是在一个民族危亡、战乱流离的年代，知识界怀抱着民族复兴的理想而从事各种思想创造的具体一例。

从这样一种时代大格局来看，可以说沈从文当时的探索并不算成功，也没有形成相应的影响。他的《烛虚》《看虹录》《摘星录》等当时就有很大的争议，并不仅是左翼文坛对他提出质疑。今天更需要做的，是深入研究沈从文这个时期创作与思想探索的内在逻辑，阐释和剖析其中蕴含的可能性及问题，而不是用简单的政治成见取代对文学史、思想史问题的讨论。

王振峰：冯至可以说是现代文学史上具有鲜明的创作个性和思想风格的学者型作家，一贯专注于个人精神品格的培养，但在历史转折的时刻他却与旧我决裂，义无反顾地投入到新社会。您提出他是在不违背自己的思想诉求的前提下顺利地融入了大时代，那么这种顺利背后是怎样的思想逻辑？这种"以最个人主义的方式超越个人主义本身"是如何实现的？

贺桂梅：冯至这个作家个案很大程度上可以与沈从文构成对话关系。对话性之一是他们进入新中国的态度和方式有较大不同，另一是他们都在 20 世纪 40 年代展开了创作与思想探索，但成效却不一样。冯至在 20 世纪 20 年代至 30 年代的文坛是一个以抒情见长的青年诗人，而在 40 年代的昆明，他拿出了思想丰厚、风格独特的《十四行集》《山水》《伍子胥》以及《歌德论述》等著作。他也在构建一种带有整体性哲学意味的思想体系，因此哲学家贺麟、文学家李广田等都能从他的作品中读出哲学内涵。从一种大的思想趋向上看，他与沈从文的创作追求都差不多，但可以说一成一败。

对两位作家探索实践的成败可以做很多分析。比如冯至的学者修养和思想的专精，沈从文的文学家气质和思想的芜杂等，都未必不是其中可以考虑的因素。不过关键是两位作家选择的不同思想路径，特别是对个人与社会、个我与群体的思考方式。沈从文所说的"尼采式的孤立"不是一般的修辞，他在 40 年代的探索确实带有尼采式的超人气质，重视由精英、天才等构建新思想，进而将新思想传播至普通民众。而冯至却是通过将里尔克、歌德、杜甫等作为思想媒介，探索通过"忘掉自我"而融入"万物的共和国"的方式，在个我身上发现社会性、历史性、群体性乃至宇宙性，进而将个我融入社会整体。从《十四行集》中"给我狭窄的心，一个大的宇宙"，《山水》中"孑然一身担当着一个大宇宙"，到《伍子胥》中断念于美而背负艰难命运的"弧形意象"，再到歌德研究中的"人们精确地认识自己的事务而处处为全人类着想"，我认为这中间确实可以找到一条连续性的内在思想轨迹。

正是在如何从个我通向社会、群体这一点上，冯至与沈从文走的是完全不同的路径。虽然冯至同样对中国共产党了解不多，但看到民族解放新中国成立，一个生机勃勃的新国家、百废待兴的新社会的形成，就足以使他热情地投入其中。而他所秉持的存在主义式的"决断"思想，歌德式强调"死与变"的蜕变论思想，使他在如何看待旧我与新我的关系上，采取了更为决绝、激进的方式。可以说，沈从文始终未能摆脱个人与社会的二元对立，他的思想探索还是局限在个人主义的内部逻辑中。而我称冯至是"以最个人主义的方式超越了个人主义本身"，原因在于他以一种有效的方式破解了个人与社会的对立僵局，并从个人修养的层面顺利地进入了新社会的集体构建之中。

这有点像中国传统文人从"正心诚意格物致知"到"修身齐家治国平天下"的跨越，因为这并不像一般理解的那样，丧失了个人的独立性，而是通过个人的修养和实践，这个作家已经达到能够理解并包容社会国家、宇宙万物的精神境界。当然，一旦进入由无数人参与其中的集体时代，社会时局的变化、国家大势的走向会有许多个体无法左右的地方，这是后来冯至遇到的问题。事实上，从沈从文20世纪60年代至70年代的表现来看，未尝不可说沈从文也拥有了类似的大境界。他在60年代初写作的《抽象的抒情》以及那个时期留下的其他文字，事实上已经超越了一己悲欢。他区分了"事功"与"有情"，称后者是"深入的体会，深至的爱，以及透过事功以上的理解与认识"。即便从"事功"的层面来看，他从事安于寂寞的文物研究，拿出《中国古代服饰研究》这样厚重的著作，并没有汲汲于个人的得失算计而"毁去"，这不也是一种大境界的体现吗？

　　王振峰：这次修订重版您几乎重写了关于丁玲的两章，通过她来讨论个体如何伴随中国革命的发展而不断地自我改造和自我提升，并提出"丁玲实际上是一个在精神高度上超越了我们这些研究者的历史对象"，这种超越是否源自她"在历史中生长的能力"？

　　贺桂梅：这次修订版改动最大的是关于丁玲的两章。其他章节都有修改，但没有基本思路上的大变化，而这两章几乎是重写。这当然跟我这些年对丁玲有重新理解，并希望形成更具阐释力的研究思路有关。

　　迄今有关丁玲的主要研究模式其实形成于 20 世纪 80 年代。那个时期人们对于中国革命名曰"反思"，但其实缺少真正深入革命文化逻辑内部的反思。表现在丁玲研究上，则是把她和中国革命分离乃至对立起来，而难以意识到丁玲的文学创作、生命实践与 20 世纪中国革命的展开始终处于同一而非对立的方向上。核心问题或许在于，人们对于丁玲这样的革命者的主体精神境界缺少把握乃至敬意。用 80 年代的"人性论"和人道主义逻辑分析丁玲，实际上就是用个人主义逻辑平面化地看待所有人。而我在重新理解丁玲的过程中，逐渐意识到我们可能需要承认：人的思想修养和精神境界确实是有高低的。一般的利己主义考量、个人的自我关注等，这些原则可能解释不了丁玲的某些行为，特别是她在 80 年代的逻辑。比如，像她这种吃了不少革命苦头的人，为什么不愿意写伤痕文学？为什么还对革命表现出甚至看起来夸张的忠诚与执着？晚年丁玲是被革命体制异化，丧失独立思考能力了吗？这些都是我常常考虑的问题。

因此，我将重写的关键点，放在如何看待丁玲的两种写作风格、两种主体感觉系统上。初版本是把这视为丁玲无法融入革命乃至最终被革命体制剔除的原因。这就对丁玲做了一种凝固化的理解，似乎她的主体精神结构一开始就形成了而且再没有变化；相应地，中国革命及其体制也被做了刻板化的理解。而事实是，无论是丁玲还是中国革命都处在不断地展开和推进之中。需要重新阐释的问题包括两个面向：一是两种写作风格的分裂不是丁玲和革命对立的表现，而是理想化的革命主体与真实存在的个体之间普遍存在的问题。丁玲这个作家的意义在于她诚实地把这一点呈现出来，并希望通过自己的文学创作与革命实践完成一种"主体革命"意义上的精神境界的提升。二是不用二元对立的逻辑来看待知识分子与中国革命的关系，而从先锋党领导权的确立这个角度，来理解革命知识分子如何以"在历史中生长"的能力来推进中国革命实践。葛兰西说革命政党中应该"人人都是知识分子"，因为正是革命知识分子建立了革命政党，同时也是革命政党的实践推进着知识分子的主体提升。这是一种不同于传统知识分子（即强调知识分子不参与，甚至不依附任何政治形式的独立性）的主体形态，是革命实践中的"有机知识分子"。从这样的角度，就不宜把丁玲与中国革命对立起来看待，而应将她的创作实践视为革命知识分子如何实现其"有机性"的探索。或许通过这样的思考方式，丁玲的道路、困惑与难题才能得到真正深入的阐释。

王振峰：通常，赵树理都被视为保守、落后、封闭的 20 世纪

50—70 年代文学的象征，但您并不是这样看待的，不仅在本书中花了两章的篇幅来讨论他，而且还著有《赵树理文学与乡土中国现代性》，甚至提出他提供了超越 20 世纪西方式现代的可能性。这种"另眼相待"并非完全出自文学认同，那么这背后包含的是不是对五四新文学传统的反思？

贺桂梅： 赵树理是与新中国、当代文学同时"崛起"的当代作家。如果说其他四位作家都是从基于五四新文学传统的现代文学实践内部转型（或未能成功转型）到当代文学的，那么考察赵树理要回答的是当代文学如何生成自身的问题。强调当代文学具有不同于现代文学的内在逻辑，也就需要从总体上思考现代文学现代性的限度问题。这当然会涉及对五四新文学传统的反思。

事实上，20 世纪 40 年代知识界具有一种较为普遍的反思五四新文学传统（乃至整个新文化）的自觉意识。比如从 1938 年、1939 年开始，知识界就有一种"新启蒙运动"思潮，当时最有名的口号是张申府提出的"打倒孔家店，救出孔夫子"。1939 年至 1942 年的民族形式论争，是因为人们意识到五四新文学无法被广大内陆乡村以农民为主体的读者所接受，因此才提出了要塑造一种更高的民族形式。而从中国革命的理论探索这个角度，当时毛泽东提出了"马克思主义中国化"，也在如何看待世界性的马克思主义理论与中国革命实践的关系、如何看待中国传统文化的功能等基本问题上，开始实践不同的思考向度。赵树理文学正是在这样的历史背景下诞生的。

赵树理文学既不是一般意义上的现代文学，也不完全是《在延安文艺座谈会上的讲话》所倡导的"工农兵文艺"，而是兼有两者特性的新文学探索。我很重视20世纪50年代日本学者竹内好有关他的"新颖性"的探讨以及对其"另类性"意义的强调。竹内好认为赵树理是"以中世纪文学为媒介，但并未返回到现代之前，只是利用了中世纪从西欧的现代中超脱出来"。这也就是说赵树理利用中国文学传统批判西方式现代文学，从而具有了中国式现代性。可以说，赵树理文学是在批判五四新文学传统的基础上，容纳社会主义理念而创造出的一种新的文学形态。赵树理也多次提到对五四新文学传统塑造的"文坛"的批评，而立志要做一个"文摊"文学家。从中国文学自身的长时段发展来看，赵树理所擅长写作的小说和戏曲（戏剧），实际上正是唐宋转型之际逐渐占据重要位置的两种文体形式。它们都不属于文人的文学传统，而是以市民（农民）为主体的叙事形式。赵树理小说并不是西方式的novel或fiction，而是"故事性"小说，其戏剧实践也不是话剧、歌剧等现代形态，而是与上党梆子这一地方戏紧密相关。这些都说明他的文学更多接续的是中国文学自身的历史传统。

但文学界对赵树理文学的接受与阐释都主要按照新文学传统或当代文学主流规范来进行，因而各个时期对赵树理存在着很不稳定的评价方式。这些都显示出赵树理文学的"另类性"，需要调整评价他的基本模式，从超越五四新文学传统的中国文学长时段历史视野来更准确地评价其文学实践的意义。因此我花了较多时间来研究，希望阐释清楚赵树理文学"暧昧性"的缘由，并借此反思现代中国文学的现代性框架。大概因为发表的文章多一点，中国赵树理研究会会长赵魁元老师 2016 年找到我，希望把这些文章整理出版，于是有了《赵树理文学与乡土中国现代性》这本书。

王振峰：我一直非常好奇，如果选择一位现当代作家来为他写评传，您会选择谁？理由是什么？

贺桂梅：对这五位作家，我在研究的过程中都非常投入，所以"研究一个爱一个"。我认为只有充分理解了研究对象的内在逻辑、创作实践，掌握充分的史料，才能避免自己的判断被先入之见所左右。同时我也真切地意识到，这些作家都拥有复杂的人生经历、深厚的文学经验及深刻的思想探索，我们这些后来的研究者真的不能说一定比他们高明。特别是要同时研究五个作家，研究者如果不能摆正自己的位置，没有掌握足够的史料，就容易倾向性太明显而无法呈现出更客观丰富的历史面貌。研究者的唯一优势是"后见之明"。

这当然不是说我没有自己的偏好。我花费相对多时间研究的，一个是丁玲，一个是赵树理，还有一个是冯至。如果选择其中的一位作家写评传，我现在考虑的是丁玲。

首先是丁玲生命历程的丰富性。从革命、文学、性别这三个维度，她的生命历程可以带出 20 世纪中国几乎所有重要而基本的问题序列。从中国革命这个侧面，她是与"短 20 世纪"相始终的革命者。从幼年时期参与湖南的新文化运动、五四时期与激进无政府主义的关联、20—30 年代之交加入左联和入党、30 年代到延安、40—50 年代完成代表作并主持新中国文学、60—70 年代的磨难、80 年代的复出，可以说她是 20 世纪中国革命的"活化石"或"肉身形态"。从中国文学这个侧面，她的文学创作经历了五四后期、左联时期、延安文艺、新中国文学、新时期文学等五个时期，也可以说就是一部浓缩的 20 世纪中国文学史。同时作为女作家，她有鲜明而自觉的性别意识，但她并不是西方式的女性主义者，她的创作蕴含着 20 世纪中国妇女解放实践的丰富经验和历史内涵。

当然更重要的是我对丁玲的生命形态感兴趣。她的阅历极其丰富，她既不是纯粹的作家，也不是刻板的文化官员，但无论辉煌时还是落难时，她都保持了自己的洒脱个性。而且，她是诚实的，仔细阅读和体认她的作品，可以触摸到一种生命的丰满和魅力。和许多人一样，我年轻时喜欢读她现代文学时期的作品，比如《莎菲女士的日记》《韦护》《在医院中》《我在霞村的时候》《"三八"节有感》等。后来意识到，这不过是丁玲的"一半"。这么一个感触细腻、情感丰富、个性鲜明的丁玲，如何经历延安转型，成为一个真诚地热爱着人民的革命作家，成为一个处理无数琐事的文化官员，如何承受巨大的政治打击，如何熬过"脸上刻着金印"的艰难生活，又如何复出在"新时期"文坛，这些是我现在更感兴趣的问题。经历了如此大的荣衰毁誉而依旧活得如此强韧，这可真不是一般人能做得到的。

很多人不大喜欢晚年的丁玲，我想那可能是我们自己太"小资"的缘故。我读到一个细节觉得特别好玩：大概 1979 年，丁玲复出的消息传出之后，旅美作家於梨华来京采访丁玲，听她讲北大荒的右派生活。於梨华听得几次哭着说不出话来，搞得丁玲很不耐烦。倒过来安慰几回后，她说於梨华"没经过风雨没见过世面"。读丁玲时，我常常意识到晚年的她其实拥有阔大的精神境界，而我们对她的理解和阐释是很不够的。

出于这些考虑，我当然有兴趣重新阅读丁玲，也希望能写出一本自己的丁玲评传。这会是一件很困难的事情。目前已有二十多本丁玲传记研究，很多问题都已经被反复讨论过。不过我也许可以用自己的方式重新阐释丁玲。这次在《时间的叠印》中对丁玲两章的重写，或许只是开了一个小头。

（《三联学术通讯》，2021 年 11 月 25 日）

民族形式与革命的"文明"论

访谈人：汪晖[1]、毛尖[2]

三个关键词与第二波民族形式

毛尖：今天的主题是"民族形式与革命的'文明'论"，我们会围绕贺桂梅老师的新书《书写"中国气派"：当代文学与民族形式建构》所涉及的一些核心论题展开讨论。先请两位老师各做一个引言。

贺桂梅：特别荣幸能够邀请汪晖老师来一起讨论。这本书在2009年进行课题设想时，汪老师的文章《地方形式、方言土语与抗日战争时期"民族形式"的论争》给了我很大启发。在写作过程中，他的许多论著和观点也是我的重要资源，包括他对于"去政治化的政治"、政党和国家的关系等问题的讨论，以及他所提示的、

---

① 汪晖，清华大学人文学院教授。

② 毛尖，华东师范大学国际汉语文化学院教授。

我进一步展开探索的"马克思主义的整体观"问题。汪老师今年（2020 年）出版的新书《世纪的诞生：中国革命与政治的逻辑》处理的是 20 世纪上半叶的问题，我的新书处理的是 20 世纪中叶，即 20 世纪 40—70 年代的问题。我想我的一些想法可以和汪老师的想法发生碰撞，这一定可以进一步打开我的视野。

我也特别感谢毛尖老师专程从上海赶来参加讨论。表面上看，她的写作风格和我不太一样，但是我们经常一起讨论问题，比如关于文学的本质性内涵，比如文学、电影、电视剧与社会如何发生更深刻的互动等。对于 40—70 年代的革命文艺我们也都共有一种亲近感。

我先作一个简单的引言，算是今天对谈题目的"题解"。我的书以 40—70 年代的中国当代文学为研究对象，但在写作过程中，我希望能够既立足于文学又跳出文学，关注更为根本性的思想和理论命题。"民族形式与革命的'文明'论"正是为如何在更高、更开阔的视野中讨论 40—70 年代当代文学而设想的一个话题，也体现了我在写作时力图打开的视野。

在讨论 40—70 年代当代中国与当代文学时，有三个绕不开的关键词。第一个是"革命"。可以说，整个 20 世纪都是"革命的世纪"。与此前的王朝国家相比，20 世纪中国发生了剧烈的变迁。40—70 年代一般被称为当代中国的"前 30 年"。这个"革命的年代"是社会主义革命的核心时段。如果我们从宽泛的意义上来看这一时期，它包含了三个层面的革命。首先是社会层面上的革命。中国的社会结构（包括东部沿海与西部内陆地区、城市与乡村、中国社会的上层和下层等）在这一时期发生了剧烈重组。用美国历史学家王国斌的话来说，20世纪中国面临着"结构性的鸿沟"——卷入现代资本主义世界体系的东南沿海、沿江都市社会，和仍旧滞留在传统帝国生存状态的内陆乡村二者之间的分裂。而这一"结构性的鸿沟"的弥合，发生在40—70年代。其次，就政治革命的层面而言，这个时段进行的是社会主义革命，它要尝试一种新的政治形态——"人民当家作主"。最后，从"文化革命"的意义上来说，这三十年诞生了一种新的文艺，即"工农兵文艺"，或称"人民文艺"。这三十年，实际上是20世纪作为"革命的世纪"之革命性表现得最为集中、剧烈的时期。

第二个关键词是"民族形式"。为什么这本书要从民族形式问题入手展开讨论？民族形式这一概念是20世纪30年代后期提出的。1938年，毛泽东在中共六届六中全会上发表报告《论新阶段》，提出了马克思主义中国化的新思路，并规划了中国革命此后发展的总体方略。随后，文艺界展开了关于民族形式的大论争。所谓"中国化"，是试图将一些马克思主义的普遍性内涵"化"入中国之中，而文艺界关于民族形式的讨论和实践实际上溢出了中国化的范围，更深地触及何谓"中国"、何谓"中国性"等问题。所以，我所谈的民族形式，实际上是"中国形式"；新书中的讨论也不仅局限于抗日战争时期，而是涉及40—70年代建设作为社会主义国家的新中国的一些根本问题。

我在书中将民族形式论争视为当代文学乃至当代中国发生的源头。我的一个基本判断是，民族形式问题的提出，同时意味着中国共产党的国家诉求的提出，它引入了一种民族国家的视野，并提出新民主主义中国应该是"历史的中国的一个发展"。这是一个根本性的变化。正因为提出了这一诉求，在国际共产主义运动脉络上的中国共产党革命、一般意义上的左翼政党实践及其文艺实践就必须和中国的历史传统、基层社会、内陆区域发生非常直接的关系，左翼政党、新中国、国家政权建设、民族形式之间也由此形成了密切的关联。背后的问题是：政党和国家的关系如何处理？文艺与国家的关系如何处理？"人民"的概念如何生成？

　　落实到文艺实践上，20世纪中国文学在40—70年代发生了根本性的调整：一方面，五四新文学被重新评价；另一方面，一些新的因素也被纳入文学与文艺实践之中，包括民间形式、地方形式、旧形式和方言土语。民间形式，指的是与正统相对的、非主流的、在中国基层社会仍然活着的、在生活中被运用并发挥作用的传统文化因素。这涉及正统、中心与边缘的关系问题，即活的传统文化因素如何转换到社会主义中国的文艺实践之中。旧形式，指的是在古典中国就已经具备全国普遍性的文艺形式。这涉及的是新旧关系的问题，即一个历史悠久的王朝国家或帝国所形成的文艺传统，如何转化进一个现代国家或社会主义国家的文艺实践之中。地方形式，指的是与中央相对的、国家政权主体内部的一些地方性文艺形式。这涉及中央和地方的关系问题——现代国家如何克服分裂，构造新的共同体。其中还涉及中国化的问题，比如苏联式社会主义现实主义理论如何转换为中国文学的实践。当这些问题进入40—70年代中国当代文学实践时，作为"文明（体）"的中国和中国革命之间的关系，就成了必须讨论的问题。

这就需要讨论第三个关键词"文明"，这也是我试图打开的一个概念。"文明"是一个大于国家、小于世界的社会体、政治体的概念。"文明"论是21世纪中国提出的新的讨论框架。近年来古典学的兴起，关于"文明冲突""文化自觉""中国经验""中国道路"的讨论等，都在构想一种以"文明"为基本单位的、新的世界格局和中国想象。在"文明"论视野中讨论21世纪的中国，对"文明"的界定和理解方式有两个基本特点：一是强调中国文明的长时段性，一个"文明体"经由几千年生成、延续至今，其中包含着某些稳定的、可以在当代性视野中被重新讨论的内涵。所以当我们从"文明史"的视野来看中国问题时，就应打破古与今、传统与现代的二元对立框架。二是强调文明体的区域性及其内部的跨域性，用汪老师的说法就是"跨体系社会"——它与一定的地理空间相适应，但是其内部包含多种差异性。以这样的视野来看空间关系，至少可以打破国家与世界的简单二元对立。

汪老师在《世纪的诞生》中提出一个特别具有启发性的判断，他指出每一次世界大战后都会出现"文明"论。他集中分析了第一次世界大战结束后中国知识分子在东西文明冲突的视野中对中国问题的讨论。我注意到，在第二次世界大战后，欧美史学界开始真正提出"文明史"和"全球史"的概念，那是"第三世界"进入世界史的尝试。在这样一个脉络中来看，21世纪我们对"文明冲突""文化自觉"的相关讨论，实际上是一种在冷战结束后重新以"文明"为单位来讨论中国和世界问题的方式。但我觉得，21世纪中国知识界在用"文明"来看待中国历史和中国传统时，整体上呈现出一种去政治化的特点，即将"文明"视为某种本质性的、静止的东西。《书写"中国气派"：当代文学与民族形式建构》将讨论的范围放在40—70年代这一时段，其实是要讨论在社会主义革命的当代性视野中，如何调用、重构中国文明史的传统和经验，将其中的地方因素、传统因素、民间因素重新组织、纳入中国社会主义革命的目标与实践之中。此时，"革命"和"文明"的含义都发生了变化，这是一个将"文明""政治化"的过程。所以，我所讨论的"革命的'文明'论"，重心是在"革命"，讨论的是"革命"如何在"文明史"的视野中展开、如何使"文明""政治化"等问题。

我对于社会主义革命、民族形式、"文明"论的讨论，落脚点与分析对象都是"文学"，可以说这是一本文学史研究著作。但是，我的诉求在于既能够深化文学的问题，又能够超出文学，在更高更开阔的视野中触及更为根本性的思想和理论命题。全书的六个章节探讨六个经典作家及其作品：《村庄里的中国：赵树理与〈三里湾〉》处理的是民间形式如何转化为社会主义中国的民族形式的问题；《民族形式与地方叙事的辩证法：梁斌与〈红旗谱〉》讨论的是地方资源、地方形式如何参与到民族形式的建构之中；《民族形式的风格化书写：周立波与〈山乡巨变〉》探讨的是现代作家如何采用民族形式来构建其个人风格；《社会主义现实主义的中国化实践：柳青与〈创业史〉》讨论的是中国化问题，即作家在实践中如何将中国的在地经验纳入苏联式的社会主义现实主义创作方法之中并进行创新；《革命通俗小说与旧形式的当代转换》《毛泽东诗词与当代文学的古今之辨》两章讨论民族形式如何在当代性的视野中、在新旧或古今的辩证关系中调用旧形式。

我试图以这些讨论提出在中国这一"文明体"中所展开的六种民族形式的构造、六种文学的形态、六种实践主体——它们展现出了充分的独特性与丰富性，由此能够将我们所熟悉的西方式现代文学相对化。整个 20 世纪，我们对于文学（literature）的主流理解趋于固定、狭隘，文学成了一种强调个人与审美的、从个人内面去透视外面社会的文艺实践，越来越缺少参与社会实践的能力。可是，文学的意涵曾经很宽阔：古典中国时期所说的"文"，内涵要远大于今天所说的"纯文学"；在 40—70 年代的中国，文学在马克思主义实践哲学视野下与政治、经济、社会在整体性的关系中发生互动，它不仅是解释世界，更是改造世界的行为，是社会实践的一种方式。我在书中的讨论，就是试图将 40—70 年代这一时期文学的活力重新阐释出来，以期从民族形式这个角度重新"打开文学的视野"。

毛尖：谢谢桂梅的引言，将"文明"论充分政治化，将现代文学与当代文学对象化，令人印象深刻。前面桂梅提到，《书写"中国气派"：当代文学与民族形式建构》的许多概念与思路都受到了汪晖老师相关研究的影响，接下来请汪老师谈谈对《书写"中国气派"：当代文学与民族形式建构》的整体印象。

汪晖：首先我很高兴看到这部著作的出版，祝贺桂梅。刚刚桂梅提到的很重要的一点是，在 20 世纪，文学的作用是非常特殊的，它的实际社会影响超过了其他很多知识领域。五四新文化运动最重要的成果是白话文运动，而白话文运动非常重要的一个成就是现代中国文学的诞生。也就是说，现代中国的自我表达，是以白话、文学为形式开始的。这里的"形式"并不是"形式主义"意义上的形式。在这一时期，语言、文学、艺术是人们创造新的自我、进行自我表达的最重要的形式之一，它们为新的自我及其表达的出现提供了可能性。如果离开形式，自我几乎就无法出现。在这个意义上，五四新文化运动，或者说从晚清开始的整个文化运动，它们意味着现代中国开始尝试进行新的自我表达，其所创造的也是一种现代的民族形式，可以说这是第一波民族形式创造的新浪潮。所以，我们要理解现代中国的民族形式，事实上首先需要从这些早期的文化运动开始。

总体而言，这一波新浪潮，主要是以都市、沿海地区为中心，采用的是激进的反传统姿态，以同过去、同旧形式断裂这样一种方式来展开其现代性的自我表达。但是，其中的断裂，其实从来都不是真正的断裂。刚才桂梅提到，如果一个民族被视为一个"文明体"乃至革命的"文明体"的话，这也就意味着它必须是持续变化、不断自我创造、不断再形成的。也就是说，尽管它有自己的内核，但是这个内核必须是不断生成的，其中包含了各种各样的要素，而不能被简单还原为单一要素，如此它才能够拥有不断扩大、包容、生生不息的力量。第一波自我表达，其实也坐落在这一范畴之内。比如，鲁迅常被视作"现代中国文化的巨人"，毛泽东将他称作"现代中国的圣人"。鲁迅似乎是反孔的，代表了一种现代中国的自我表达，这个自我表达是以与传统断裂为形式展开的，但事实上又建立在这个变动的文明历史的内部。另外，第一波的形式固然受到了西方的巨大影响，但是在这一时期，即便是受到西方影响的作家也必须思考如何去面对自己的社会（城市或乡村），寻找西方与自己社会的对话关系。比如，鲁迅自述其创作的开始所仰仗的全在先前看过的百来篇外国作品和一点医学上的知识，可是我们谁也不会说鲁迅的小说是西方的。鲁迅代表的确实是一种独特的具有现代内涵的中华民族的思想和艺术表达。这也让我想起唐弢先生发表于 1982 年的论文《西方影响和民族风格——中国现代文学发展的一个轮廓》，这篇文章也是着眼于文学和文学样式来讨论文学逐渐丰富化、复杂化、确立自我、自我成熟的过程。

另一方面，抗日战争的全面爆发，使得 20 世纪 30 年代后期以及 20 世纪 40 年代成为一个独特的历史时期。从文化史的角度来看，由于抗日战争全面爆发，中国文化的重心从沿海地区、中心都市大规模地向后方和乡村撤离，这是一次流动性的逆转或者说逆向的运动。文学和文学的创作者，其所面对的读者、社会环境由此都发生了根本性的变化。此时的读者，不再是依托于现代都市中的文化机构、依赖着阅读书写和印刷文化所产生的阅读群众，而是大规模的不识字的，或识字但对西方的各种经验形式存在相当隔膜的阅读群众。但是，在这些读者的生活世界中，也存在着各种各样的地方形式、民间形式和他们自己的民族文化形式。前面提到，现代中国的自我表达在一开始就是一种立足沿海都市、依托印刷文化与各种现代技术而展开的表达，它是追求现代、追求新颖的；桂梅所提到的这些民间形式、地方形式、少数民族的形式、传统古典的旧形式等，这些形式如何被纳入现代中国的自我表达中，或者说我们应该如何处理这些形式与现代中国自我表达的关系，这些问题是第一波浪潮所没有处理完的。当然，在第一波浪潮中，也有极少数有意识地调用这些形式的创作——比如五四时期就已经有一些利用方言创作出的新诗，也有一些小说试图调用方言形式。但是如何大规模地使用这些形式进行现代中国的自我表达，在 30 年代末到 40 年代成为一个新的问题。

在战争语境中，这一问题还关乎战争时期的民族动员诉求。因此，战争时期的民族形式，就不仅仅是五四新文化运动中那个寻求现代中国人的自我表达的形式，而是在民族动员的框架下形成社会交流的一种新的形式。在这个意义上也就能够理解，为什么我们一般不会用民族形式去描述五四新文化运动时期所形成的那种表现为现代文学或新文学的现代中国的自我表达的形式，尽管其构成了第一波现代民族形式创造的浪潮。同样也就能够理解，为何民间形式、地方形式、旧形式、方言土语的问题，会成为民族形式论争的核心环节。在桂梅新书的六个章节中，除了革命通俗小说与毛泽东诗词，其他作家作品的重心其实都是在乡村，都是以"乡土中国"作为主要背景，这也构成了桂梅提出文明、文化、民族形式等问题的重要契机。这是我想谈的第二点。

第三个方面与革命有关。在 1939—1942 年的这场大讨论中，一个逐渐形成的基本共识是：民族形式是不同于所有民间形式、地方形式等的一种全新的创制。这也是整个民族形式讨论的真正核心。在论争中坚持五四立场的，如胡风、冯雪峰，他们所意识到的正是这一形式之"新"；另外一部分人，他们本来已在"新"的内部，所以他们强调"新"必须植根于"旧"，由此使得"新"的内涵发生重要的转换。或许可以说，作为一种现代创制的民族形式，其最重要的特点就是，它不是一般地征用过去已经存在的东西，恰恰相反，它是要将这些东西组织成所谓的民族形式。换句话说，民族形式不是旧的形式，而是一个真正的新形式。在这个意义上，民族形式的问题，并不简单是一个复古或回到旧形式的问题，它考虑的是如何征用旧形式，进而创造新的民族的自我表达形式。可以用政治化的概念来对此加以阐释。民族形式的出现，使得作为新的政治主体的大众获得了表达形式。此时，这个新型的文学表达形式的出现，本身就意味着一个新的政治主体的历史形成。比如，不论是赵树理，还是周立波或梁斌，这些作家所描写的都是普通农民。"农民"在今天是一个耳熟能详的概念，但这个概念其实具有双重性：一方面，它是社会分工的概念，"农"指的是务农的方式，农民被看作社会分工的一部分；另一方面，它又是一个现代主体的概念，"民"指涉着政治主体，农民也被视为人民大众这个新政治主体最核心的、有组织的一种形态。农民这一形态，其最核心、最重要的表达形式，就是文学和艺术的表达。所以，如果我理解得没错的话，在桂梅的讨论中，民族形式的生成过程，其实也就是一个革命的、政治的过程。这里所说的政治的过程，并不指向一般人们所说的权力政治，而是指创造出不断生成中的主体形式和自我表达形式的过程。

毛尖：谢谢汪老师。"第一波民族形式创造"的提法，以及您对民族形式、文学、农民这些概念的阐释，都特别有洞见。我也非常简短地谈一下自己读《书写"中国气派"：当代文学与民族形式建构》的感想。读这本书，感觉像读了一部新的中国当代文学史。此书以非常显豁的路径引入文明史的视野，呈现出的中国更加磅礴，呈现出的当代文学也更有吞吐量。

　　"中国"是这本书的关键词。其实在 2008 年的《重读"二十世纪中国文学"》中，桂梅就提出"今天，我们如何理解'二十世纪''中国'和'文学'"的问题，学界在思考当代文学和文学的当代性时，往往会将"当代""中国""文学"视为某种不证自明的概念，而桂梅认为，如果不将"中国"问题化，就会失去思考文学生产总体性机制的起点。20 世纪 40 年代以来的当代文学虽然经历了各种转折，却依然保持着当代文学的连续性，这一连续性正是由当代中国的认同机制来保证的。如此，桂梅提出了非常不同的历史分期方式，建构了一部以民族形式为落点的新的文学史。书中将 20 世纪 40—70 年代的主导变迁划分为四个阶段：第一，"民族化"时期，这一时期截止在 1949 年 7 月第一次中华全国文学艺术工作者代表大会的召开，而不是 10 月中华人民共和国成立；第二，"苏联化"时期，在这个时期民族性书写的内容具有了新的表现形式；第三，"中国化"时期，这一时期从 20 世纪 50 年代中后期到"文革"发生前，包括中苏分裂、"中国道路"的探寻等；第四，"世界化"时期，即"文革"时期，这一时期文艺实践的主导形态表现为一种以去地域化、去民族化的方式寻求将中国经验转化为普遍的"世界革命"资源的激进方式，与当代中国在世界体系中寻求主体位置的诉求密切相关。

不同的分期方式，意味着不同的打开当代文学的方式，意味着对历史和文艺特性的不同理解。比如"苏联化"时期的讨论，留给中国当代文学的世界意识就与20世纪80年代"寻根文学"时期的世界文学诉求非常不同。桂梅在这个时期打开的世界视野接通了"文革"时期的"世界化"理念，也直接再建了当代的世界文学框架。这些年，汪晖老师也一直在深入讨论十月革命、苏联和列宁等议题，最近也写了《潜流——从蔡国强的"十月计划"说起》，重新将作为"潜流"的苏联影响拉回到我们的桌面。通过他们的这些论述，当代的诸多形式才得以贯通，全球史的视野也才更加完整。

另外可以提一下的是，《书写"中国气派"：当代文学与民族形式建构》隶属北大的"文学史研究丛书"。粗糙地说，这套书系有文学史新论（比如《二十世纪中国文学三人谈·漫说文化》）和专题新论（比如《上海摩登———一种新都市文化在中国1930—1945》）两个系列。桂梅的新书可以说融汇了两个方向的成果，比如解读《三里湾》时，聚焦作为小说主人公的村庄，提出了"'村庄''中国''社会主义'既具有各自的独特性，又可以互相包容，由此形成一种'传统''现代'与'当代'互相激活且共存的乡土中国社会想象"。同时，桂梅又出入文本，重绘这部以村庄为主人公的小说中极为现代的时间与空间维度，呈现了作为历史新事物的社会主义是如何出现并改变乡村基本格局的。由此，村庄成为融合社会主义改造与传统的新型主人公。这种全新的文学形态描绘与分析极具潜力，将重构文学史的图景，催生一种全新的文学想象和研究范式。那么，能否请桂梅谈谈，《书写"中国气派"：当代文学与民族形式建构》是不是包含了一种重构世界文学视野、重写中国当代文学史的抱负？

贺桂梅：探索一种研究和书写中国当代文学史的新范式，确实是我的一种内在动力和自我期许。在我们既有的学科体制中，当代文学经常被视为现代文学的尾巴，当代文学研究也常常被认为缺乏现代文学研究那样的学术规范与学术深度。而 20 世纪 40—70 年代展开的当代文学实践过程，其诉求却是形成一种超越现代文学的新的文学。但是，到 20 世纪七八十年代之交，当代文学开始作为一个独立的专业方向被提出和建立的时期，也正是社会主义革命遇到难题和当代文学的合法性遭遇危机的时期，所以当代文学作为一个专业方向设立的时期也正是其进行自我否定的时期。这是造成当代文学研究和文学史叙述所有问题的根源所在。

写作当代文学史有很多方式，但其中也存在不少问题。20 世纪50—70 年代的当代文学研究形成了一种革命史的研究范式，主要是用狭义上的政治史去统摄文学史，没有充分尊重文学的自律性。20世纪 80 年代的"重写文学史"思潮，有两个不言自明的设定：第一，所谓"重写"的对象实际上是"前 30 年"的革命史叙述范式，在这种视野中，"前 30 年"实际上是没有文学的；第二，强调纯文学性，由此往往形成文学与政治的二元对立。20 世纪 90 年代之后，还出现了"再解读"的思路，研究者尝试用西方 20 世纪 60 年代以来的批判理论（包括女性主义、后殖民主义、结构主义、精神分析等）对 40—70 年代的"红色经典"进行"再解读"。他们将"红色经典"

变为具有文化价值的研究对象，但这些西方当代理论其实和这些"红色经典"所处的中国语境之间存在很大的隔阂。与这三种不同时期的主流范式不同，我试图去探索如何才能够真正深入当代文学内在的历史视野、理论逻辑之中，去将当代文学自身的价值和意义表达出来，或者说理论化。其中的一个根本问题是，当代中国"前30年"的历史经验、文学经验是否仍有价值。事实上，有没有价值，与其说取决于历史本身，毋宁说取决于我们作为后来的研究者的视野和能力。我希望从中国这一侧面，去打开当代文学的内在视野，并在21世纪的立场上将其真正理论化。

毛尖提到的"世界文学视野"确实是我在讨论文学问题时考虑的一个面向。我希望能够将中国（特别是40—70年代的中国）的问题，放到一种全球史视野中来加以描述。因为中国从来都不是封闭自足的，而常常是在全球体系的结构关系中反身定位自身的。刚才汪老师有一个很有意思的描述：文学作为现代中国的自我表达形式，它的第一波与第二波浪潮之间存在着不同。这个不同，实际上取决于中国在地缘政治关系、全球格局之中的位置变化，及其自身所面对的社会的、政治的问题的变化。比如，在20世纪50年代前期，冷战格局使得作为第三世界国家的中国必须做出某种选择，而当时苏联的社会主义实践非常成熟。所以无论是文学、政治，还是社会体制、经济发展模式，中国都只能学习苏联，进行"苏联化"。可以说，那一时期中国眼中的"世界"其实主要是苏联。

这种全球史视野必然带来的另一方面问题，是如何理解中国性。我可能更加强调要在一个长时段的视野中来看中国问题，这也就是我前面提到过的"文明史"的视野。我认为我们需要将当代中国的文学问题，放在从古典中国延续下来的传统中展开讨论。比如很多人都不喜欢赵树理的《三里湾》，是因为我们已经习惯了那种从"内在的人"的透视视点展开的纯文学，已经习惯于个人主义的人物对抗其所处环境的那种叙述模式。《三里湾》中没有一个固定的人物作为主人公，小说的主体就是村庄。可是在长时段的中国文明视野中，这种叙述方式其实一点也不特殊，它与宋代以后戏剧兴起、小说逐渐获得主流地位这一过程中所形成的叙述方式一脉相承，反而是非常"中国"的。所以我希望将当代文学的问题放到长时段的中国文明和中国文学的脉络中进行考察，由此发掘出一些面向——这些面向，在 20 世纪迫切追求现代化或西方化的视野之下往往会被忽视。总之，我确实在考虑重写中国当代文学史，但重写为何种形态还在探索的过程中。

"文明"与革命的能动性

毛尖：我想接着桂梅的回应请教汪老师，《书写"中国气派"：当代文学与民族形式建构》全书在"重写文学史"、再解读"社会史视野"之外，尝试用开放的全球史视野、长时段的中国文明史视野去重新理解 20 世纪，这与您的"短 20 世纪"理论构成"视差"吗？在中国文明的视野里回看 20 世纪 40—70 年代，其中有什么需要警惕的地方？

汪晖：毛泽东说"坐地日行八万里，巡天遥看一千河"，这一诗句当然是古典形式，但其所表达的内容却完全是世界性的，是一种在现代科学出现后才有的世界观和宇宙观。我从地方性和世界性的关系这一点出发来回应毛尖的问题。值得注意的是，民族形式论争具有强烈的世界主义色彩。在20世纪30年代，由于反法西斯统一战线的形成，这一论争重新回到民族问题，这不只是中国自身的选择，也是共产国际的选择：共产国际先是停止活动，而后自动解散，进而支持各个地方的民族解放运动，使其联合起来展开反法西斯运动。看起来，这是从一个以阶级为中心的世界主义的脉络，退回到地方、民族的层面上，但是，这个抉择正是植根于对法西斯主义肆虐世界这一世界格局的基本判断。1936年，围绕着"国防文学"和"民族革命战争的大众文学"的"两个口号论争"，其实也典型地体现了这一点。"国防文学"的口号本是共产国际的口号，它要慢慢重新回到国防问题。鲁迅提出"民族革命战争的大众文学"，我认为这个表达比较辩证地处理了民族和阶级的关系，这个口号实际上是"人民战争文学"的前奏。抗日战争本身需要亿万农民成为抗日和革命的主力军，这意味着需要进行最大规模的深刻的社会改造，而只有"民族革命战争"才能完成这个任务。在这个意义上，鲁迅和毛泽东一样都具有高度的预见力。

毛泽东的《论持久战》写于1938年，也就是民族形式讨论开始酝酿、发展、中国化的时期。他的讨论是立足于中国的，但是，常被人们忽略的是《论持久战》中所引用的斯诺在《外国记者西北印象记》中所记录的一次问答，即毛泽东在1936年日本全面侵华前与斯诺的谈话，其中已经出现了《论持久战》核心判断的雏形。

毛泽东提出"持久战"的依据其实包含了国内和国际两个层面。就国内层面而言，他指出中国人民受到动员进而觉醒并形成新的政治力量的过程，需要较长的时间。就国际层面而言，他通过对日本的分析，指出战争必然会爆发，当这场战争只是局部战争时，局势对中国是不利的，但当其发展成为世界大战，将英美苏联都卷入时，国际局势会向中国倾斜。毛泽东的判断与其对非洲局势的分析相关。1935年，意大利入侵阿比西尼亚（即今埃塞俄比亚），毛泽东强调在非洲这一区域所爆发的殖民和反殖民战争，必然使得非洲与殖民地地区、西方列强如英美德意之间发生强有力的竞争，这个竞争最终会将世界上的其他大国卷入其中。所以，"持久战"并不只是一个局部的表述，而是真正具有世界视野的判断。

在这个意义上反过来看，延安时期的文艺形式，如版画、赵树理小说等，其实同样是在世界视野下产生的对于民族形式的探索，其中包含高度的普遍性。过去编辑《读书》杂志时我曾经组织过一次关于美术的讨论，其中有两位年轻学者的文章令我印象深刻。一篇是吴雪杉的《塑造婚姻》，其中讨论到古元的木刻版画《马锡五同志调解诉讼》。这一版画的题材其实类似于赵树理小说的题材，一边是最激进的革命政治，其表征为婚姻法——当时的婚姻法是最为自由、现代、激进的，高度尊重自主性和爱情；一边是守旧的、有着各种传统习俗的乡村。当婚姻法进入传统乡村，就会碰撞出许多复杂的社会性问题（比如离婚），这将使社会关系发生重大变化，以至于动摇革命政权在这一地区的稳固程度。而有意思的是，马锡五这样一个边区法庭的庭长，他走村串户去调解婚姻，这种调解既不是简单否定激进的婚姻法，也不是简单屈从于传统习俗，而是试图在这之间寻找一种协调的法律形式。艺术家古元用木刻的形式将这样一种情况展现出来，登载在《解放日报》上。所以不论是题材还是形式，古元的这幅作品都与赵树理的小说相似，一方面具有高度的民间性，另一方面又具有高度的政策性。他们是用党的政策去解决乡村问题，党的政策具有进步、激进的内涵，但在形式上又要与传统协调。此时的民间形式就具有一定的世界性。所谓世界，是指在具有无穷多差异的条件下所发生的世界，而不是一个统一的、单一模式的世界。一个普通农民、普通战士，他心中是带有一个世界性的图景的，这正是有意思的地方。

另一篇文章是周爱民的《"马蒂斯之争"与延安木刻的现代性》。"马蒂斯之争"在延安鲁迅艺术文学院发生，包括冼星海《黄河大合唱》的出现，这本身展现了延安在文化上曾经体现出的包容和开放。我个人认为，不只是"土得掉渣"的才是民间形式。这些西方现代或者五四新文化运动的东西，其实也慢慢变成了民间形式的骨架，它们逐渐内在于当时的民间形式之中，同时获得了新的表达形式。这种相互依存的关系值得我们注意。

这些文艺实践，反过来也激发了理论家和政治家的思考。并不仅仅是周扬等人阐释了"赵树理方向"，事实上赵树理也在一定程度上改变了周扬等人对于文学和文学形式的认识，使得他们对世界文学的看法也发生了重要的转变。赵树理的文学样式，会逐渐使得一些文学理论家有意识地从其他地区的说唱文学、民间文学、重要的西方经典中找到其对应物，将其置于一个新的世界文学秩序内。

赵树理的文学还使得中国现代文学获得了更加丰富的自我表达，其承续的是前现代中国说书人文学的叙事方式，后来的革命通俗小说也在内部接续这一叙事传统，构成了新的形式。

我借着蔡国强的"十月计划"所写的文章，其实是想就苏俄与中国的关系重新做一点叙述。马克西莫夫在 1958 年创作了《中国水手肖像》，我们可以对比同时期中国表现劳动者的绘画，一直延续到 20 世纪 80 年代罗中立的《父亲》，由此重新梳理出一个序列。在这个序列中，我们可以看出苏联艺术传入中国，同时慢慢内在于中国自身的过程。冯法祀创作的油画《刘胡兰就义》，描述方式、样态都受到了苏联影响，也与此后中国革命通俗小说中叙述形象的方式有着呼应、对话关系。其中既有生硬模仿的部分，也有内在化的部分。

桂梅的新书提出了很重要的关键词"文明"。"文明"是什么？"文明"这个概念的含义从 18 世纪晚期到 19 世纪逐渐演变，它本来是带有包容性意涵的概念，但在 19 世纪之后受到民族主义、种族主义知识的影响，带上了种族化、民族化的逻辑，直至今日。所以在今天的一般叙述中，都会强调"文明"的单一性，但事实上"文明"总是包含着交互性，每个文明都是与其他文明互相嵌入、不断交互的产物。没有一个文明不包含别人的痕迹，它不是纯粹孤立的。任何一个文明之所以能够生成、创新、发展，就是因为它持续吸纳着其他文明的要素。一方面，它具有主体性，另一方面它不能够被最终化约为一个单一的、孤立的要素。只有在这个意义上，我们才能重新去界定"文明"。

基于对"文明"的这种理解，我觉得，20世纪中国对民族形式的探索，也是一个持续的变革过程。中国文明在现代再生，并生成新的形式的过程，同样需要不断将各种世界性的因素纳入中国文明的内部进行思考，而不是将中国文明重新化约为一种单一形式。毛尖刚刚提到桂梅的分期方式独具眼光，在我的理解中，这些阶段，一方面展现出的正是一种针对现代中国文明形态和民族形式的探讨过程，另一方面也展现出书写"中国气派"的过程本身始终带有一种开放性。当然，如何理解其中确实持续存在着的世界性与地方性、唐弢先生所说的"西方影响"与"民族风格"之间的张力，如何理解通过持续交互来形成我们的现代主体性或互主体性这一过程，都是值得进一步探讨的重要问题。

　　毛尖：刚刚汪老师谈到民间形式和世界性，以及文明的交互问题，都特别有讨论空间。不过，在汪老师的语气里，似乎多少有点把"世界性"放在比"民间形式"更高的位置，所以您会赞叹一个普通农民心中的"世界图景"。我觉得桂梅的观点、路径和汪老师略有不同。比如在分析《红旗谱》的普通农民时，桂梅倒转了视点，提示我们，锁井镇村民们的农民性是否需要被超越，需要重新讨论，因为锁井镇这一空间自身就能够赋予他们以革命主体的合法性。在这个视野里看《红旗谱》《山乡巨变》等文本中的外来者，他们就不再是外来世界的文明人，包括这些外来者身上所裹挟的"世界图景"，也就不再是更高级的"文明"，因为这些村民自己就可以是新人，是革命的"文明"人。也是在这个逻辑里，桂梅的"新人"

观翻转出新意：成为民族英雄和成为无产阶级新人是同构的。

新人地理学和新的世界图景互相盘活。中国西北、华北成为中国新人密集发生的场所，地理空间的转移也直接导致现代文学向当代文学转移。就像汪老师前面提到的，在五四新文化运动时期，与印刷资本主义密切相关的文学中心是沿海地区、中心城市，而桂梅的分析告诉我们，在 20 世纪 40—70 年代，文学书写的中心位置和主人公是乡土中国，沿海地区、中心城市反而成了某种意义上的"文学边区"。

第一波浪潮与第二波浪潮的联动造成文学的地理学转换，可以说，"内陆新人"既有着传统中国的样貌，又是现代性逻辑的造物，同时更是社会主义中国的化身和主观镜像。对新人的重新阐释再次彰显了中国性问题，而强调中国文明不同历史时段（包括古典、现代、当代）的连续性与中国政治文化体内部的多元一体性，是桂梅的多年抱负，我们可以借助这一视角来重新打开中国现当代文学。甚至，粗糙地说，第二波民族形式建构浪潮本身就显示出一种更"高级"的性质，自身就携带了世界文明图景，而不是马克西莫夫们来了之后才使得我们与更高的世界性有了接触。所以可不可以请桂梅谈谈，你的新人书写中所包含的文明观，和汪老师刚刚所谈的是不是还是略有差异？

贺桂梅：还是有一些差别的。汪老师将文学和艺术作为现代中国的自我表达，并将这种表达分为两个时期，他将第一波浪潮所产生的表达也视为一种中国性的民族形式，我所讨论的第二波浪潮所产生的表达则被他视作另一种民族形式。在我的理解中，文明肯定是交互作用的产物，是混杂的东西，不会有确定的本质。但是，当一个文明，比如中国，和另外的文明体，比如西欧，发生关系时，如何从中国的外部视野来讨论问题？在我看来，第二波民族形式建构浪潮之所以可以和中国这个文明体发生更加直接的关联，是因为它将内部视野降得更低了——不只是关注几种文明碰撞时所产生的"杂交地区"（即沿海地区），而更加着眼于承受着中国几千年文明传统的中国内陆、中国乡村、中国基层社会。这一基点放置的转换，使得民族形式能够更深刻地调用中国文明的历史经验。

当然，世界性和民族性的交互关系始终存在。正因为有这种交互关系，民族性、地方性才能成为问题。但是第二波浪潮中的民族形式与第一波相比一个大的变化，是更加直接地面对和调用中国文明更具稳定性内涵的基体或"母体"。在如何面对中国文化传统这一点上，第二波浪潮更多地把重心放在了文明体的核心区域和稳定性要素上。当然，这不意味着"复古"，而是革命政治与古老文明体发生了更深刻的现代性交融。其对民族性、地方性、文明内在逻辑的理解，还是取决于社会主义政治要构造怎样的政治主体，即对"什么是人民""哪些人被称为人民"等问题的理解。

汪老师刚刚提到《塑造婚姻》一文，我前不久也写过文章讨论刘巧儿的故事，刘巧儿的故事实际上是从马锡五断案的故事中延伸出来的。马锡五确实既没有站在激进的婚姻法、现代都市的自由观这一面，也没有站在保守的乡村伦理一边，他找到了一种调节两者的方式。这种方式的关键在于，如果要考察婚姻法是否公正，最重要的是要看其中最弱势的年轻女性有没有自主权。所以他更加强调的不是婚姻"自由"，而是婚姻"自主"，强调年轻女性要在新的婚姻法中变成政治主体——我想这里的政治主体大概也就是新人。

同样是马锡五和刘巧儿式的故事，古元（版画）、赵树理（小说）、韩启祥（鼓词）、袁静（秦腔剧）、王苹（评剧）等人的写法是不大一样的。这里有一个革命政治与中国文明发生交汇的层次不同的光谱。因此，在书写民族性、地方性时，不同作家的立足点可能都不一样。比如，周立波等一些作家更多还是以西方式的现代文学来调用传统经验，相对来说，赵树理更相信中国几千年已经形成了一个"基盘"，他希望经由这个"基盘"来重构现代性。在赵树理的逻辑中，知识分子、城里人可能都不算他最关注的"人民"。他试图将"乡土中国"的主体，即那些自在的、如鱼在水中游动的农民的文化认同和诉求变为基点，基于此再创造出一个新的政治主体。他的方式和周立波，甚至梁斌、柳青等人的方式有很大不同。赵树理确实使得周扬等调整了原有的西方式文艺观（这体现在周扬所编写的《马克思主义与文艺》中），周扬可能原来确实没有更多地意识到赵树理用来重构社会主义人民主体的资源——"活的民间形式"的经验，但这并不意味着毛泽东、周扬就一定认同赵树理的路径。我不是说赵树理构建了新的主体或新的文学形态，而周立波等作家没有做到这一点，《书写"中国气派"：当代文学与民族形式建构》所讨论的六个作家，其实分别打开了不同的面向和形态——将什么政治化、谁在新构造的民族形式中更加具有主体性，在这些问题上他们的侧重点各不相同。因此可以说，民族形式并不是只有一种，而是在共同的政治诉求的基础上，可以有多种形态。它们处在与文明体交融、交汇的不同层级上，但又在共同塑造一种不同于现代文学的当代文学。这个不同，我想是"文明"的某种边界，从而使得第二波浪潮不同于第一波。

汪晖：其实差别没有那么大，我再补充几点说明。第一，我刚刚所说的"世界性"，实际上是指革命世界观，而不是与中国内部相对而言的外部。需要注意的是，第二波浪潮的自我表达，其实同样是知识分子、文化人所进行的表达，而不是民众直接的表达。所以它的诉求，一方面是维持革命意识形态的激进性，另一方面则是回到底层的文化中寻找一种能够与中国相适应的形式。可以说，如果没有革命世界观，就难以有意识地回到底层文化或乡村传统，扎根厚土进而从中生发出新的要素。所以，毛泽东才会强调"使马克思主义在中国具体化"。20世纪30年代末至40年代的中国化，不仅是指马克思主义或西方形式的中国化，更是中国共产党和它所推进的运动本身的中国化。中国共产党自身需要从一个在都市、处于共产国际影响下的政治组织，慢慢转化为内在于整个中国生活的、适应新条件的政治组织，由此才能推进现代中国的运动。桂梅将1939—1942年间的民族形式论争视为《在延安文艺座谈会上的讲话》之外的"当代文学的另一源头"，这一判断是有道理的。研究毛泽东思想的学者通常认为毛泽东思想区别于其他文学思潮或社会主义思潮、确立其自身的独特性，基本上是在30年代末，正对应着民族形式论争的时期。

第二，我想就"文明"的话题进行一点补充。我们讨论"文明"

往往会以民间形式、地方形式、旧形式、方言土语这些要素为着眼点，但是我们不能忽视"活的日常生活"在其中所起到的重要作用。唐弢先生在《西方影响与民族风格》中强调：为什么一些作家学习西方资源、学习中国古典资源，其最终成熟的作品形态却都具有民族风格？因为这些作家总是贴近自己的民族日常生活。赵树理、周立波等创作的文学，呈现的是人的日常生活世界，其中所有的文化要素都与他们的生活和斗争以及其中各种错综纠葛的关系密切连接在一起。这时，在民族日常生活中调动的要素，就不同于那些在近代文明史中常常被视为中国文明或儒教文明圈的核心标志物的要素，如方块汉字、儒教等。大众文艺往往不是依托方块字形成的，而是以口传或宣传画等日常生活的形态为媒介，但它却非常具有民族性。可以说，是"活的日常生活"持续地使民间形式、地方形式、旧形式、方言土语这些要素来服从于来自生活的需求，进而才能生成新的形态，从而使得我们的文化或文明真正具有生生不息的活力——它是老文明，但又是新的创制，带有前瞻性和未来感。

举一个与此相关的例子——拉丁化运动。以拉丁文拼写方言，这是一种独特、激进的过渡形式，但在当时拉丁化运动的规模、波及的人口数量要大于白话文运动、大众语运动，因为国民党与共产党同时推进了这一运动。为什么要有拉丁化运动？它其实是由政治动能激发出来的，大量农民因不识字而无法阅读，所以必须以拉丁文拼写方言的方式来进行抗战动员。口传、口述完全是民间形式、地方形式，可一旦通过拉丁化将其书面化（当时有着大量的拉丁文识字课本、拉丁文出版物），其所形成的形式其实很难界定。与拉丁化运动相伴的其实是一种独特的历史生活，这种形式和与之相关的生活样态具有过渡性，但是在我们今天的简化字系统和拼音系统中都留下了痕迹，参与了对现代中国文化样态和表达形式的形塑。同时，它也是使得方言土语进入现代中国表达形式中的一种重要中介要素，它确实使得地方性的文化慢慢普遍化。可以说，拉丁化运动最终要达到的是一种普遍性、全国性的目标，而不是地方性的目标，它并不像欧洲民族语言那样，从拉丁文中分离出来，结果导出的是民族分离主义。

与此相似的具有普遍性的过渡性要素还有很多。比如《水浒传》《三国演义》等农民耳熟能详的白话小说，这些白话文本的样式也会慢慢渗透到当时的方言实践中去。比如当时虽然大量征用地方戏曲形式，但也有对京剧这种包含着普遍性或者说更广阔的全国性的大剧种的留意。比如从传教士开始，一直到瞿秋白等人的拼音方案。比如赵树理的小说语言既具有地方性，又吸纳了五四以来普遍化了的白话语言传统，所以他的作品相较于刘半农用吴语写成的新诗要更加易懂、好读……这些都涵括在相似的逻辑中，我们也需要充分估计这些更具有普遍性和全国性的样式在塑造民族性的过程中所发挥的重要作用，分析这些要素被激活、展开运作的机制。

贺桂梅： 讨论至此，我感觉汪老师或许不会很同意"文明"论的说法，但我们在思路上是非常相似的，只是对于"文明"这一基本范畴的理解存在着一些细微的差别。每次谈起"文明"这个概念，我都要特别小心地将自己的谈法与别人的说法区分开来，在书中我也非常慎重地使用"文明""文明史"等说法，这主要是因为我意识到了其中存在的一些问题和某种困难。一方面，所有对文明、传统的阐释都是"政治化"的，都受到一定政治动机的支配。因为只有在当代性的政治视野中，人们才会试图去阐释过去的历史经验。另一方面，不同于"民族"是一个非常现代的概念，"文明"总是带着某些又老又旧的东西，总是包含着一些具有长时段的稳定性和连续性的东西。这一点是当我们说"'文明'永远是一个'政治化'的概念"时容易忽略的。比如我们常常会将中国称为"文明体"，其中的连续性并不完全以某些规定性的要素（如文字、制度等）的连续为指标，但是其中又确实存在着一些具有长时段的稳定性和连续性的特殊内涵，这是西欧、非洲等所不具备的。这种文明的独特内涵，表面上看起来一直在发生变化，但是只有当这个文明体与另一个文明体相参照时，才更能看出中国文明之所以是中国文明，而不是印度文明、西欧文明、伊斯兰文明等的"边界"所在。只要你是一个中国人、生活在中国这块土地上，可能你始终都会受到这种东西的限制。这些具有长时段的稳定性和连续性的东西，也许是经过无数代人的尝试所生成的一些成功的经验，它们活生生地存在于日常生活中，用费孝通的话来说就是为人们所"行而不知"。而当新的政治到来时，新政权一方面照亮了这些经验，同时也自觉地将这些经验纳入新的政治实践中去。

　　这种具有长时段的稳定性和连续性的东西，或许接近于布罗代尔所说的"结构"。"结构"是存在于人之外的，但是"结构"只有被人的意识所捕捉并自觉地表述出来之后才真正存在，所以永远只有在"局势"当中的"结构"，而不存在一种自在的"结构"。这个表述"结构"的过程，正是一种将"结构""政治化"的实践。其中存在着一种辩证的关系，我在讨论毛泽东诗词时有意重新谈论"天人之际"的问题，讨论革命通俗小说的新旧转换问题，讨论赵树理小说的村庄主体等，其实都与此密切相关。我想，我和汪老师关于"文明"的理解略有不同的地方在于，我认为一个文明虽然总是处在交融、变化和再生的过程之中，但总还有一些使其区别于另一种文明的本质性内涵或边界。应该如何去描述、阐释这种具有长时段的稳定性和连续性的文明的内涵，是我一直在思考，但尚未有结论的问题，也是我慎用"文明"这一概念的原因之一。在这一点上我和汪老师可能会有一点点微妙的偏差，今天听了汪老师的发言后，我接下来可以将这些问题考虑得更加细致深入一些。

自然、情感与"世纪的绵延"

毛尖："文明"的话题的确容易引起争议。汪老师刚刚提示唐弢先生强调要回到日常生活中去书写，在这一点上桂梅和汪老师特别相契。桂梅在书中也提到，所谓"生活故事"，其实就是民族形式尝试调用的那些普通民众日常生活中的情感、伦理与文化经验，也就是赵树理所说的农民的"自在的文艺生活"。如果人民政治不能与这样的生活发生勾连，并将其转化为政治叙述的有效组成部分，文艺就无法深入群众，无法创作出以工农兵为主体的人民文艺。

要让人民文艺深入人心，就要让"思想感情起变化"，思想感情起变化的过程就是一个自然化的过程。桂梅在书中征引过安东尼·史密斯的一个判断，这个判断很有意思，他说民族主义之所以能够激发人们的集体激情和发自内心的依恋情感，从而实现自然化，其秘诀在于建立新的共同体意识，将之与前现代族群经验及其内在世界的延续性相关联。按这个逻辑，桂梅在写作《书写"中国气派"：当代文学与民族形式建构》的过程中，她和她研究对象的内在世界也建立起了某种连续性关联，这也让她进入了一种非常自在的写作状态，这是一种自然化过程。这么说，是因为她后记中的一段话曾令我颇为震动："在学术领域入行越久，年龄越大，我就越意识到学术研究从来就不是纯粹的理性与知识操作，而需要有情感和感性经验的介入。研究者如果缺少与研究对象之间建立起来的内在体认关系，这种研究行为就不会持久，也不会形成具有深度的精神熏染与对话。"我自己是一个感情用事的人，但我一直以为做研究就要尽量理性。我一直以为桂梅做研究是很"低温"的，读到这段话，才突然明白，应当是情感和感性经验的介入，使得《书写"中国气派"：当代文学与民族形式建构》和她之前的《转折的时代：40—50年代作家研究》《"新启蒙"知识档案：80年代中国文化研究》等著作有了非常大的区别。

显然，《书写"中国气派"：当代文学与民族形式建构》中讨论的作家，某种程度上也都经历了类似过程，也即唐弢先生强调的"回到日常生活"。桂梅自然注意到了这点，也捕捉到了这些文本时刻。比如，她在书中提到，柳青曾与路遥谈起自己在徐改霞身上投射了他对陕北故乡的感情，他说："我写她时，经常想到我国民歌中情歌所表现的丰富情感。问题是她的天资、气质和教养，是否协调，并且形成统一的性格。"在讨论《红旗谱》时，桂梅提到，作为小说中最重要的生活叙事内容，运涛和春兰的爱情构成了小说的重要情节之一，即使在运涛入狱因而他们的关系无关"大历史"时，小说对春兰情感的描述仍旧细腻而感人。运涛和春兰的这条情感线其实是《红旗谱》中一个非常关键的书写，这条线不完全指向阶级斗争主题，而更多是为了扩充生活内容，使得作家创造的民族形式得以自然展开，更容易为读者所接受，带有一定的辅助性。在桂梅所捕捉、描述的这些文本细节中，我们可以感受到个人性、肉身性的抒情者与群体性、超越性的政治力量的结合，其中既有"我"，也有"我们"，大家共享文化记忆、伦理风俗及情感结构。

桂梅带着真切的情感体认进入 20 世纪 40—70 年代的文学，既和作家也和小说人物沟通，民族形式出入文本内外，达成真正的总体性。因此，此书也是"感情的辩证法"与"总体性"彼此交融的例子，在方法论和理论自觉状态上都起到了示范作用。但我的困惑是，怎样理解自然化？比如，人民如何自然化？人民的自然状态不是"乌合之众"吗？自然化的过程最终要达成一种什么样的状态？作家又如何达成你的这种自然化书写状态？

贺桂梅：我先回应毛尖提出的人民如何自然化这个问题。如果一个作家写出的人民仅仅是理念性的，那么他的书写肯定是不成功的。只有人民被呈现为一种具有肉身的、充满感性的自然化形象时，这种书写才算真正成功，可以说柳青充分意识到了这一点。

正如毛尖所说，写作《书写"中国气派"：当代文学与民族形式建构》时，我确实有着一种不同的写作状态，我越来越意识到研究者必须与研究对象发生情感上的交融，如此研究者才能够更加深入研究对象的内里而把握问题的全部复杂性。我在书中提到，在谈到如何理解人以及小说为何要写人的变化过程时，柳青明确地区分了"思想""感情"和"行动"这三个层次，并由此引申出他关于小说乃至全部美学理论的基本看法。特别有意思的地方在于，柳青将感情视为最高的层次。在他看来，只有当一种思想转化成感情时，那种思想在实践者那里才真正成为"自然"，并转化为行动。毛泽东说"思想改造"就是"思想感情起变化"，也就是说，真正接受某些思想不能只是在观念的层面上接受，还必须在情感层面上接受。黑格尔区分出"感性""知性""理性"三个层次，其中感性对应着最低端、最自然的情绪反应，知性则意味着用概念去捕捉，理性则是更高的阶段，意味着感性与知性的综合。我想，我所谈的自然化、感情的辩证法与文学的总体性，实际上并不是要回到黑格尔意义上最简单、初级的感性，而是在这种最初级的感性的基础上，经由一个理论化、概念化的知性思考过程，达到更高的理性层面而赋予感情以肉身。对于一个写作者而言，特别对于作家和研究者而言，如果能够将某种理念涵化得越自然，或许对于这个东西的理解也就越深刻。

汪晖：其实马克思在讨论人的历史时，他最终要探索的也是一个自然历史的过程。这种自然过程，常常大于人们的动机、意志。多年前我曾和德国导演亚历山大·克鲁格对谈，他当时讲了一个很有趣的故事：二战期间，一架美国轰炸机在执行任务，目标是一座可能藏有敌人的地方，但实际上那儿正在举办一场婚礼。就在飞行员马上要进行轰炸时，他的肚子突然痛了起来，于是他猛一拉操纵杆，炮弹打向了一片沼泽地，那些参加婚礼的人因此得救了。克鲁格的说法很有意思，他说，这个飞行员的肚子也有思想，他的肚子显示出了比他的大脑更高的智慧。所以，人的某些行动、某些社会运动的实际含义可能要远大于人所能意识到的内容，它们都处在一个自然过程中。在这个意义上，革命、政治等这些东西，包括我们今天谈论的 20 世纪历史，也都是自然过程中的要素，它们真实地积淀在日常生活中，成为今天我们的思想资源，而不只是一个语词性的存在。这些东西虽然过去了，但到今天还能触动我们。触动时所产生的那种情感、感性经验，其实就是重新进入它们、努力去理解它们的一个契机。对我而言，这种契机，要比一般而言的"文明"更具体一些，也更加重要。我在 20 世纪 80 年代读唐弢先生《西方影响和民族风格》时，对于他所说的"生活"、他所强调的"民族风格与生活密切关联"其实并没有太深的体会，不太能够理解他使用"生活"这么一个浅白的语汇所表达的深刻的意味。很久以后才明白，所谓的风景描写中的"风俗画"、所谓的情感关系、所谓的人与人的关系以及一些独特的表达形式，其实就是他所说的民族风格的内容，就是他所说的我们都置身其中的生活。这确实只有结合我们自己的日常经验与观察才能理解。

我再接着谈我对"中国文明"的理解。过去我曾经用"跨体系社会"来描述中国文明，其实中国文明也可以说是一种"跨文明的文明"。中国文明的强韧有力之处就在于它总有一种包容力，可以将其他文明的要素内化为自身的要素，同时又不会变为另一种文明。

这种包容力涵纳于我们的日常生活和情感交往之中，这就是"中国化"的含义，中国化是一种持续再造自身的过程。基督教文明、伊斯兰文明在中国有漫长的历史，其实它们都已经在历史进程中逐渐内化为中国文明中非常内在的部分。在这个意义上，中国的历史与文化，很难简单用近代的"文明"范畴加以描述，即很难被民族主义和种族观念等单面化的"文明"范畴所描述。其实在文学中也能看到这一点。比如在王蒙书写新疆伊犁乡村的作品中，他描述一个村庄中的复杂关系，其中"阶级"的内涵已经包含着内外民族的内涵，包含着各种复杂要素，过去这些都是常常容易被我们所忽略的。说明一点，我对重新调用文明范畴并不持反对态度，关键是如何在扬弃 19 世纪欧洲的文明概念的基础上重新界定这一范畴。

毛尖：从汪老师关于中国文明的讨论中听得出，您对桂梅的文明论还是有所批评。不过，桂梅认为文明还是有其实质性内涵。《书写"中国气派"：当代文学与民族形式建构》用文明史和世界史的视野，重新梳理了 20 世纪 40—70 年代国家的建构，由此，作为当代文学源头的民族形式论争也释放出了无穷活力。此前被很多人轻视乃至鄙视的 40—70 年代的"中国""当代""文学"又充满活力地回到今天，成为新的思想资源。我很喜欢桂梅在书写中透露的饱满自信——这种书写不再只是为社会主义、为 40—70 年代文学进行辩护，而是充满了激情与元气，自然贯通，真正将当代文学、当代中国乃至 20 世纪中国的"气派"给书写出来了。就像以前的影视剧，常常把国民党刻画得很猥琐，但今天我们不需要了，我们让国民党也很俊俏。不需要再刻意地非自然化敌手，大概就意味着我们找到了某种文化自信，有了足够的底气。

前面，汪老师也提到"中国作风""中国气派"是在20世纪中国独特的历史条件下产生的，包括民族形式论争、创制新的民族形式的诉求，也都是在独特的历史关系、历史语境下发生。当时，日本侵华战争全面爆发，使得以农民为直接对象的民族动员深为迫切。或者，我们可以来谈一下21世纪和能动性的问题。想问汪老师，记得您说过，经过考虑后您将自己的"20世纪的中国"三部曲中第三部书的名字从"世纪的终结"改为了"世纪的绵延"，那么，"世纪的绵延"中的"绵延"，是否也包含了"中国作风""中国气派"和民族形式的"绵延"？怎样理解"绵延"呢？

汪晖：《书写"中国气派"：当代文学与民族形式建构》从文学样式的角度，甚至从情感方式的角度，回答了什么是"中国作风""中国气派"，我觉得这是这本书很重要的一个贡献。这是一本文学史著作，但它同时也在回应过去二三十年的论争。这一论争的核心论题是：中国在21世纪世界格局中的位置是什么？21世纪中国的历史前提或基础是什么？

过去的主流论述往往强调这个基础是改革开放以来的"三十年"，现在说"四十年"，后来也有人提到这个基础是1949年中华人民共和国诞生以来的"六十年"，现在说"七十年"，也有人追溯到五四新文化运动或辛亥革命，将这百年中国都视为基础。在一段时期里，20世纪40—70年代的中国被长期轻视，似乎马上就快被抹去，历史好像走到了一极。这段历史不应被抹掉，其实今天看来也不可能被抹掉。我们可以毫无疑问地说，中国能够以今天这种样态存在于世界上，我们能以这种方式来讨论中国，与整个 20 世纪的变革有着密切的关联。也就是说，如果离开了 20 世纪的变革，我们将很难理解当代中国，甚至可能很难理解当代世界。同样，如果离开了 20 世纪的变革，我们也很难以长时段的视野去叙述中国文明，甚至无法界定何谓中国。过去二三十年的争论喋喋不休，但如果离开这一整个历史变迁的进程来讲述中国故事，是无法讲清楚的。

在《世纪的诞生》中我提到，20 世纪中国具有区别于其他国家、社会的非常特殊的历史变迁模式，其最为重要的特征分别体现在开头与结尾。先说开端。自 19 世纪末以来，在世界范围内，旧帝国都处在土崩瓦解的过程中，各种老文明处于任人宰割的状态，民族危亡，国家四分五裂。从这些旧帝国、老文明中，诞生出一系列新的政治的、经济的和社会的主体，改变了世界的整体格局。中国貌似也将土崩瓦解。可是，传统王朝所形成的整体架构与历史积淀，反而在革命这一最具有断裂性的条件下，以"绵延"的形式保留了下来——经过"瓜分中国狂潮"、动乱、内战之后，一个统一的中国依旧存在于今日世界。这是非常独特的一种样态。可以说，对比其他地区，中国的 20 世纪开端，既是最剧烈的革命与断裂，同时也是"连续性的创制"。所谓"连续性的创制"，是指其中的连续性并不是自然形成的，而是以许许多多深刻的断裂、变革、革命为前提被重新构造出来的。当然，我们也可以将这种连续性，包括构造它的革命都理解为自然史整体过程的一部分，不过其中依然充满了裂痕和各种各样的矛盾。如何去解释革命和连续性之间这种复杂辩证的关系，是理解 20 世纪中国的关键。如果没有 20 世纪开头的这一特殊的历史变迁，我们今天所谈论的中国的含义将会完全不同。今天的俄罗斯人谈论苏联、谈论"社会主义新人"，其谈论方式、谈论的意义一定和今天我们中国人谈论中国、谈论新人完全不同。也就是说，如果没有 20 世纪开端处的这一"连续性的创制"，今天的中国可能早已经不是这个样态，地方文化可能早就分离为各种独立的民族文化，我们也难以用长时段的视野去理解现代中国的前现代历史基础，也不可能如此自信地谈论中国文明。

再谈谈结尾。20 世纪携带着一种对 19 世纪以来的帝国主义与资本主义的反思，所以在 20 世纪各种社会运动催生了不同形态的国家，尤其是产生了社会主义国家形态。在 20 世纪，社会主义国家不只是一个国家，也可以说是一个"世界体系"。冷战结束后，大量社会主义国家发生体制转型乃至崩解，而连续和断裂的辩证法却依旧在中国延续。过去的四十年，中国经历了非常深刻的转型，社会发生了翻天覆地的变化，这些都渗透在我们每个人的日常生活之中。但是，中国整体的社会关系形态和政治形态，却从 20 世纪"绵延"了下来。这正是中国区别于苏联等前社会主义国家之处。为什么会如此？这是今天我们在界定中国的社会性质，谈论中国和中国文明时所面临的困惑。在我看来，这同样是由于一种"连续性的创制"。

在这些意义上，20 世纪绵延至今日。在法国哲学家柏格森看来，"绵延"本来是一个意识的问题，"绵延"之中包含着断裂和可持续的变化。在 20 世纪八九十年代，很多人在谈论中国时认为当代中国的所有矛盾、所有问题的症结就在于没有彻底地否定 20 世纪。而在我看来，恰恰应该重新回到 20 世纪去思考、理解这个过程，我们才有可能去谈论 21 世纪的未来。因为如此设想出来的未来将会是非常不一样的未来，否则我们只能像当年一样继续跟着全球资本主义的基本逻辑往前走。今天这一逻辑走入了新的危机之中，我们当然并不自外于危机，但是我们的历史中有些东西提供了克服危机的力量。事实上，20 世纪的许多遗产都是作为"潜流"而存在着的，这些遗产沉淀在我们日常生活的世界之中、被压抑在生活的表层之下，它们是始终存在的可能性。对于这些问题我们需要继续思考。这也并不是说只是要讲述一个成功的故事，或者要复制 20 世纪的方式。事实上这段历史是无法简单重复的，20 世纪留下的许多历史课题也都尚未完成——尤其是 20 世纪的社会主义运动并没有按照设想完成，未能在世界范围内成功改变资本主义结构。理解这些历史过程，总结经验教训，以此为地基重新思考 21 世纪的挑战并构思对策，这些都是需要我们继续进行下去的重要课题。

毛尖：汪老师强调了 20 世纪深刻的变革、断裂与延续之间复杂的辩证关系。在我看来，我们今日似乎也存在着某种矛盾。一方面，20 世纪构成政治能动性的力量在"去政治化的政治"这一语境中，其实是在不断消散的；另一方面，"中国气派"好像在今天又渗入了各个领域之中，从歌舞到小品、从政策用词到菜场用词，似乎连吃个韭菜盒子也是一种"中国气派"。到处是"中国风"和"中国气派"的广告，当然其中有戏谑，也有很多内涵被抽空。那想请问桂梅，《书写"中国气派"：当代文学与民族形式建构》的诉求之一是将作为 20 世纪遗产的那种"能动性"重新阐发出来，进而开启 21 世纪新的能动性，那么在你看来，今天逐渐渗透在各个领域中的"中国气派"以及人们对于中国文化的自觉与热爱，能够被视为一种 21 世纪的能动性吗？其中有没有需要警惕的地方？20 世纪的能动性在 21 世纪绵延的可能性在哪里？最后想问，关于本书，你自觉还有遗憾的地方吗？

贺桂梅：刚刚汪老师指出我的这本书也是对过去二三十年的论争的一个回应，确实如此。这本书我写了十年，但事实上所有问题的起点，是 20 世纪 90 年代在我读硕士、博士时发生的中国知识界论战。这一发生在"新左派"与"新自由派"之间的论战其实是一次关于 20 世纪属性的论战，涉及的根本问题一直延续至今日：20 世纪有何价值？我们是不是要尽快地清除 20 世纪？这也是我二三十年来一直在思考的问题。

写作这本书之前，我做过关于 90 年代批评话语的清理（《批评的增长与危机》，1999 年），处理过 20 世纪四五十年代转折时期的作家与文学，考察当时的作家如何看待社会主义中国和当代文学的出现（《转折的时代：40—50 年代作家研究》，2003 年），也做过 20 世纪 80 年代文学与文化思潮的研究（《"新启蒙"知识档案：80 年代中国文化研究》，2010 年）。研究这些不同的时段，绕来绕去，其实我最后要啃的"硬骨头"，就是 20 世纪 40—70 年代这一时段的中国与中国文学。刚刚两位老师都提到，在一段时间里，这个时段被认为是不值得研究的、没有价值的。但在我写作《书写"中国气派"：当代文学与民族形式建构》的过程中，中国社会也在发生着一些变化：20世纪80年代那种将"改革"与"革命"对立起来的逻辑似乎慢慢软化了。到了21世纪，改革开放四十年所形成的那些主导性的话语、逻辑，包括文学与政治的对立、改革与革命的对立、当代中国"前30年"与"后40年"的对立等，开始变得不是那么强势。人们似乎开始愿意用一种更为客观中性的态度，来看待当代中国的这七十余年历史。我想，这些调整之所以会发生，其中一个很重要的原因就是刚刚汪老师也提到的21世纪中国在全球格局中位置的变化。如果今天的中国不是世界第二大经济体，可能问题的谈法就会完全不同。包括毛尖刚刚提到的"具有'中国气派'的韭菜盒子"，实际上也与此密切相关，它是民族心理发生变化的一个表征。由于中国在全球格局中位置的变化、民族心理的变化，"中国性""中国气派""中国的民族风格"以及中国作家的主体性是什么、在哪儿，回答这些问题也在21世纪的今天变得越来越迫切。所以，我们如何看待历史、如何看待20世纪，其实出发点都源自我们作为一个当代人自身所处的当下现实。当然这里面还包含了更多问题，关键在于要超越过去人们所习惯的种种二元对立的逻辑。

　　我觉得，在21世纪到来后，人们应当越来越能够体会到，那种曾经作为"自由派"核心逻辑的、在20世纪后期占据主导位置的西方式现代性想象，在今天已经没有力量了。福山当年谈"历史的终结"，可是今天我们也看到了另一种"现代性的失败"、另一种"历史的终结"。因此，人们越来越愿意去探讨存在于这种现代性之外的更多的可能性。也就是说，当我们试图寻找一种能够应对全球性的现代性危机的资源时，可能我们首先需要从那种主流的现代性的思维方式中跳出来，在此基础上去发现更多的可能。这正是我关注40—70年代这一时段，愿意谈"文明"这个概念的主要原因。

　　一方面，"文明"可以打开我们的视野，丰富我们对于现代性的理解，让我们看到西方式现代性之外的更多资源。从文明史的视野来看，我可能不再将古典的东西视为封建迷信，而是将其作为我们思考当下问题的一种有效资源。汪老师在《现代中国思想的兴起》中也说起过这一思路，他提出我们必须将古典的和现代的思想资源都放在同一个平台上来考虑，同时将自己当下的处境与问题相对化，最终真正要回应的是21世纪中国有待解决的问题。另一方面，虽然当代中国的"前30年"作为"革命的极端年代"曾被现代性思想排斥，但是其中其实包含了很多值得我们去重新思考、重新关注的内涵，比如其调用中国传统经验的方式、思考文学的方式，等等。人们可能更习惯于接受《青春之歌》那样的成长小说，或是《山乡巨变》那样的乡土文学，这些文学实际上与现代文学一脉相承，与孤独个体的阅读方式、阅读状态密切相关。但是，我们不能用"现代文学"的概念去理解赵树理小说、毛泽东诗词、革命通俗小说，特别是柳青的《创业史》。而正是这些文学为我们回答人如何改变世界、如何在实践中参与社会这些问题提供了不一样的答案和思考方式。我不是说这些文学就是唯一正确的、好的，但是这些文学确实告诉我们：除了那种与个人主义密切相关的现代文学之外，或许还有其他的可能性存在。至少我自己觉得，我在写完这本书后也变得丰富多了。

毛尖说读这本书感觉到我很自信。其实并不是我要刻意追求某种自信的状态，而是我真的觉得我的研究对象能够解释、回答我的一些问题，我试图在写作中将其中的逻辑呈现出来。另一方面，通过这本书的写作，我也确实打开了一些新的视野，获得了一些新的思考方式，对于自己的长期思考也有了一些回应。像这样一本书，在十年前或许我根本写不出来。这本书这样写完了，我已经觉得很幸运。因为我自己信，所以我才对我的研究对象，对这本书有着更深的体认、更深的感情。当然，这本书也与同时期人们所关心的问题发生了一些内在关联，其中有些关联是我所不想要的。至于大家可以从这本书中得到什么，我觉得，每个人大概都可以从中获得自己想要的东西。

最后我想谈谈毛尖所说的能动性的问题。在写作这本书的过程中，我对于唯物主义辩证法这个根本的理论问题有了很多新的体认。我们过去总是强调各种对立，但是辩证法强调：不要形式主义地、客观地讨论对立。只有在实践的过程里，这些对立的东西才可能统一起来。也就是说，所谓"理论与实践统一"，必须有实践中的人，实践者一方面在脑子里把握住理论，同时也有行动的能力。只有从实践的角度，在社会实践的过程中，理论与实践才能合而为"一"。我认为这才是辩证法的实质。

（《文艺理论与批评》，2021 年第 2 期）

"我将文学研究视为认识中国的中介"

访谈人：张晋业 [①]

当代中国与文学研究的五本书

张晋业： 2020 年来，您的一系列当代文学研究的重要专著陆续出版，另有新著即将问世。能否请您先简要谈谈这些研究成果，以及它们在您的学术版图及学术历程中所处的位置？

贺桂梅： 确实，我最近这几年出的书比较多。2020 年出版了两本，一本是我自己非常重视的《书写"中国气派"：当代文学与民族形式建构》，还有一本综合性的论文集《打开中国视野：当代文学与思想论集》。2021 年修订重版了两本，一本是《"新启蒙"知识档案：80 年代中国文化研究》第 2 版，另一本是《时间的叠印：作为思想者的现当代作家》，这是对《转折的时代：40—50 年代作家研究》大幅度改写后的重版。这两本书既是对过去著作的重写，

---

① 张晋业，北京大学中文系 2022 级在读博士研究生。

也包含了对过去研究的总结反思。2023 年还将出版《重述中国：文明自觉与 21 世纪思想文化研究》。

这几本书在我的学术生涯中占有较重要的位置，是我二十多年来主要研究成果的集中呈现。它们在这两三年内顺利完成、出版和修订重版，使我能以此为契机回顾、总结、反思自己的学术历程，我觉得这是非常幸运的事情。

几本书之间存在着内在关联。我的研究是从 20 世纪 90 年代出发的。1999 年，还在读博期间，我完成了自己的第一本书《批评的增长与危机》，对 90 年代文学批评进行近距离的考察和研究。同时，我也开始准备我的博士论文《80 年代文学与五四传统》。当时的主要考虑，是立足 90 年代反思 20 世纪 80 年代，因为 90 年代的许多问题是从 80 年代延伸出来的。从 2000 年的博士论文到 2010 年的《"新启蒙"知识档案：80 年代中国文化研究》，经历了近十年的思考打磨。这期间我还花了两年多时间写作了《转折的时代：40—50 年代作家研究》，以五位作家为个案，试图立体地呈现 20 世纪 40—50 年代的文学转型，这背后更大的问题是社会主义中国的文学体制、主导思想、当代文学是如何确立的。这种问题意识，与 90 年代我对思想界所讨论问题的关注有着内在关联。

2010 年完成《"新启蒙"知识档案：80 年代中国文化研究》后，我的研究重心从 80 年代转向 20 世纪 40—70 年代，《书写"中国气派"：当代文学与民族形式建构》以六个（组）经典作家作品为案例，讨论民族形式建构与全球视野中的中国认同。这对我来说是非常具有挑战性的题目。2018 年左右书稿基本完成，2020 年它和论文集《打开中国视野：当代文学与思想论集》同时出版，让我比较清晰地感觉到自己的一个学术阶段的完成。

2020 年，我有较多的时间宅在家里，一边整理、重读家中藏书，一边修订《"新启蒙"知识档案：80 年代中国文化研究》与《转折的时代：40—50 年代作家研究》。同时，也把我二十余年来写作的有关 21 世纪中国思想文化如何叙述中国的主要文章整理成《重述中国：文明自觉与 21 世纪思想文化研究》的书稿。正是在这个过程中，我意识到自己已完成了对当代中国与文学五个主要时段的研究，因此，可以把《批评的增长与危机》《"新启蒙"知识档案：80 年代中国文化研究》《时间的叠印：作为思想者的现当代作家》《书写"中国气派"：当代文学与民族形式建构》和即将出版的《重述中国：文明自觉与 21 世纪思想文化研究》，称为我研究当代的"五本书"。

所以近两三年，我主要是停下来回顾、总结自己二十余年的研究，反思自己的学术特点，回顾自己从事学术的初衷，同时思考下一步怎么走。

与此同时，我的性别研究也在继续推进。其中《女性镜像与当代中国的主体认同（1940—2010）》在 2019 年结项，《二十世纪女性文学经典解读》的讲稿已基本完成，不过都还有待进一步修改打磨。

张晋业：您的这些研究，有没有一以贯之的问题意识？在我的阅读感受中，"中国"是较为显著地贯穿其中的一个关键词。在此意义上，您的研究既可视为"当代文学研究"，也能看作"当代中国研究"。这种问题意识，是您一开始就有的，还是在写作过程中逐渐生成的？

贺桂梅：这是一个非常好的问题。出版书稿时，如何起书名是需要费心琢磨的事情，找到一个能触碰到研究兴奋点的题目其实不大容易。回过头看这些书名，出现频率最高的一个词确实是"中国"。我的当代文学与文化研究越来越汇聚在"中国"这一核心概念上，这并不是一开始就设计好的，而是在研究的拓展推进、探寻摸索的过程中慢慢形成的。甚至可以说，在这个过程中我并没有完全自觉地意识到这一点，而是在研究成型后才发现这样一个焦点。

写作《"新启蒙"知识档案：80年代中国文化研究》时，我更关注的是20世纪80年代的"启蒙"与"新启蒙"。也是从这本书开始，我觉得"中国"本身应该作为自觉反思和讨论的对象。在绪论中，我提出要重新思考"80年代""中国""文化"这三个关键词，在方法与视野上将"中国"视为一个文化空间、一个文化政治的主体单位，把中国的问题放在全球视野中加以讨论，关注文学、文化如何参与中国认同的建构。

更为明确的自觉意识是在写作《书写"中国气派"：当代文学与民族形式建构》的过程中产生的。决定将研究重心从80年代转向20世纪40—70年代，直接契机是在《"新启蒙"知识档案：80年代中国文化研究》中对"寻根"文学思潮的讨论让我感到意犹未尽。80年代的"寻根"思潮包含着一个悖论性情境，即摆脱传统束缚、与世界接轨的现代化诉求和对中国主体性的文化认同，这二者之间存在的矛盾和冲突。"寻根"却最终无法找到中国人自己的"根"，这是特别有意思的文化症候，它表征着 80 年代一种政治（无）意识的内在焦虑：在走向西方式现代化的过程中，中国是什么？我们如何做中国人？中国文化的独特性在哪里？

同时我注意到，这样的焦虑在当代中国"前 30 年"，在社会主义革命或世界革命的视野中并不存在。世界革命中的社会主义文化逻辑，既尊重民族国家的主体，将民族解放作为第三世界国家的核心议题，又并不和世界性的革命议题相冲突。当时的中国认同、文化主体性、民族形式的建构，与普遍性的社会主义文化建构，实际上是相互支援、彼此联动的关系。这是不同于 80 年代民族认同的另一种模式。

正是意识到两个时期建构中国认同的不同，我当时设想的课题，是分析从 20 世纪三四十年代"民族形式"论争到 80 年代中期"文化寻根"思潮这四十多年，主导性的话语，特别是中国主体性的建构方式发生了哪些变化。后来觉得如果这么讨论，焦点就放在了 20 世纪 70—80 年代之交的"转型"上，但实际上更吸引我的是当代中国"前 30 年"的文化实践。因此最终我以民族形式为分析的切入点，通过正面打开革命文学的经典文本，而不是"重写文学史"所重视的那些被当时主流所排斥的"异端"文本，讨论在"中国"这个场域中世界性的社会主义革命与文化实践如何展开。民族形式其实就是中国形式，这才有了对"中国"更自觉的讨论。

张晋业：20 世纪 40—70 年代在您关于当代中国与文学五个时

段的研究中占据着格外重要的位置。对于洪子诚老师这代学者而言，重新讨论这一时段，更多意味着直面他们作为历史"亲历者"与"见证者"的繁复体验，并基于自己心目中的"当代文学理想"对其做出清理与反思。而对于我们这些"90后"和更小的"00后"而言，这一时段某种意义上是一种"异质性"存在。作为"70后"，您如此重视对这一时段的研究，有哪些更具切身性的思考契机？

贺桂梅：其实从博士阶段的后期开始，虽然主要研究20世纪八九十年代，但我一直觉得自己应当用上一段时间，集中精力专门探讨当代中国"前30年"的社会主义文化实践。这和我读书期间90年代中国的社会情境和知识界氛围有关。在当时知识界的诸多论争中，如何看待中国革命文化是一个核心议题。我们这些在90年代学院体制内成长起来的"70后"研究者，并没有对革命文化的切身经验，但关于这一议题的讨论在当时激起了思想界如此强烈的情感反应，甚至导向难以调和的撕裂，这让我开始有兴趣用自己的方式去了解这个特殊的对象。

同时，"全球化"与"后革命"是90年代后期的历史情境，这为重评当代中国的革命文化提供了新的条件，我也由此找到了破除外在刻板印象、进入其内部逻辑的思考途径。80年代的新时期文学是我们所熟悉的文学形态，它符合我们的个人化体验以及对文学的期待，我们很多人也因此选择从事当代文学研究。虽然我们在读《创业史》《红旗谱》《青春之歌》这类"红色经典"时也会被打动，我想你们也一样，但当时又感觉有某些坚硬的东西在阻挡着我们进入它们。从我们周围人群的反应到普遍的社会情绪，都呈现出对革命文化、红色经典的某种轻视态度。

而当我们用"后革命"时代的观点和理论去分析这些革命文化的经验时，会发现我们其实很难在理论上、在逻辑自洽性上将其说清楚。比如以唐小兵老师主编出版的《再解读：大众文艺与意识形态》为代表的"再解读"路径，确实摆脱了80年代"重写文学史"所形成的常识，提供了一种重读红色经典文本的新颖思路。但其最大问题在于，用西方马克思主义理论或批判理论对文本进行一种拆解式的重读，固然可以部分打开文本，却脱离了文本置身的历史情境及其内在逻辑。在这样的讨论中，文学实践与历史情境之间富有生命力的联动消失了，文本变成了理论显微镜下的标本。这可以说是文学研究界在如何阐释"前30年"社会主义文化时普遍面临的难题。

1999年，写完《批评的增长与危机》后，我逐渐意识到，自己所从事的"当代文学"这个专业方向，实际上是中国新民主主义革命成功、建立新国家的一个产物。我开始花不少的时间，重新阅读"前30年"的文学经典和大众文艺读物，也包括很多当时作为内参书出版的黄皮书、灰皮书等。同时，90年代是中国全面融入全球化格局的时期，许多全球化要素开始进入我们的日常生活，我们也有许多机会接触来自欧美、日韩、中国港台等地的不同学者。特别是西方马克思主义理论和批判文化理论的相关著作，是在这个时期完成的一个"翻译工程"。我们在整体知识结构上也发生了很大变化，拥有了某种内在的国际视野。

这种视野的打开，加上对中国社会变迁的观察思考，使我开始慢慢触摸到革命文化曾产生的召唤力和想象新世界的可能性，并自觉思考如何在当代性视野中重新理解它们。

张晋业： 回到"中国"这个关键词。相较于 20 世纪 40—70 年代的"中国气派"与 20 世纪 80 年代的"文化寻根"，20 世纪 90 年代以来，人们对于"中国"及其主体性的理解方式，发生了哪些变化？

贺桂梅： 把"中国"作为问题，可以说是在我读书、成长的 20 世纪 90 年代情境中才逐渐浮现的新意识。90 年代的全球化，非常明确地将中国的主体性问题带到大家面前。中国再也不能像过去那样以欧美的现代化路径为唯一规范的范本。如果不能确立自身的现代主体性，那么在全球格局中你将是不可见的别人的影子。意识到这个问题，不能简单地等同于倾向民族主义，而涉及在全球化格局中如何确立、呈现中国的主体性。随着中国越来越深入地参与、介入全球政治经济文化事务，中国主体性的问题实际上成了一个普遍受到关注、迫切需要中国人做出回答的问题，而不再是 80 年代那种基于落后感的自我焦虑。

90 年代后期以来的二十余年，中国社会的各个层面、各个领域，都展开了对于中国主体性身份、文化认同及其在国际格局中位置的重构实践。

90 年代后期，费孝通针对亨廷顿的"文明冲突论"提出"文化自觉"，主张冷战终结后的世界是不同文明交流融合的时代，每个文明体都应在全球化格局中重新认识自我与世界。"文化自觉"也成为 21 世纪第一个十年知识界的一个核心概念。著名如甘阳等人组织的"中国文化论坛",将"文化自觉"作为最重要的口号,批判内在于全球化的、排他性的西方中心主义。电影领域,随着全球化推进,90年代中国本土民族电影工业遭受重创,而21世纪"中国大片"的出现,则呈现出中国国产电影如何顽强地进入全球,特别是好莱坞市场体系,从而重塑中国电影产业的样态。文学方面,90年代以来,"中国"越来越成为重要作家自觉书写的对象。当中国作家开始有机会在国际评奖中频频露面,他们也会越来越明确地意识到自己是作为中国作家在写作,从而思考自己的创作不同于其他国家作家的特点是什么,自觉将"中国"视为一个焦点问题。

同时我也观察到,进入21世纪以来,中国社会文化心理一个最为显著的变化,是人们越来越能坦然地回归、认同甚至是乡愁式地迷恋中国文化传统。印象深刻的一些现象,包括"百家讲坛"2001年在央视开播,通俗版古代典籍的流传,对修族谱、建宗祠的重视,穿汉服、学养生的热潮,以及非物质文化遗产申报、地方旅游经济建设等。21世纪的第一个十年中,这还是一种比较自发的状态。大概从2012年前后,国家与政府开始更有意识地引导,将传统文化重新纳入当代中国的重构。这种认同与接纳当然可以说是一种传统的发明,但和西方社会最大的不同是,这种重构有许多并不是无中生有,而是依据某些积淀于日常生活中的长时段、连续性的对于中国文明传统的自觉认知。

上述情形中,人们对"中国"的自我感知、自我建构的方式,相较于20世纪40至70年代以及80年代都有了很大不同,也区别于以"反传统"为主流的20世纪。那种落后的焦虑感与"自我野蛮化"

的自我感知方式正逐渐淡去。发生变化的重要原因，是 21 世纪以来，中国经济的崛起，全球格局中中国的位置所发生的变化，中国内部的族群关系、城乡关系以及东西部的区域关系等也发生了巨变。这些客观事实，使得文化的主体表达当然也会发生变化。如何重新阐释"中国"，重新讲述"中国故事"，成了一个至关重要的主体认同问题。

我今年（2023 年）即将出版的《重述中国：文明自觉与 21 世纪思想文化研究》一书探讨的正是这一时段，并更明确地将"中国"作为主题。这本书和我前几本书都不同。前几本都属于历史研究，而这本书更偏重讨论当下的思想文化现象。讨论对象不限于文学，还涉及思想潮流、大众文化现象以及我视野所及的各学科代表性研究者所关注的重要问题。我用我的方式，将文化批评做得更接近思想研究，尝试将历史脉络的勾勒和理论问题的探讨，融合在对当下文化思想现象的近距离观察和讨论中。

张晋业：《重述中国：文明自觉与 21 世纪思想文化研究》勾勒出 21 世纪的思想文化在认识、想象特别是叙述中国的基本方法及阐释框架上发生变化的基本轮廓与踪迹。您将其概括为从"文化自觉"到"文明自觉"。对这种新范式的重视，可以看出您虽然关注"中国"问题，但并不是站在民族主义或国家主义立场上展开思考，而是始终对此有所警惕，并与之保持对话关系。这里出现的另一个关键词是"文明"。您如何理解这一概念？为什么最终采用了"文明自觉"的提法？

贺桂梅：在我诸多关于重构或重述中国的讨论中，"文明"是逐渐凸显的一个重要范畴。我对这一概念的谈论始于 2011 年写作的《"文化自觉"与"中国"叙述》。在全球视野中重新确立中国的主体位置，我觉得从那时起已经是一个得到重视的问题。我花了许多时间阅读社会科学的前沿著作，发现这些著作在理解和表述中国的方式上发生了较大的变化。所以在这篇长文中，我希望描述我观察到的现象，并对其进行追踪、归纳与理论提炼。不过文章的核心词还是费孝通提出的"文化自觉"。在费孝通看来，"文化"是一个有机的人文体系，人生活其中，却"行而不知"，只有在与他种文化的碰撞过程中，外在的挑战和刺激才会让人们对自己的文化有所"自觉"。因而他强调在全球化时期，我们需要"文化自觉"，以此来重新认识自我与世界。

在我看来，在全球化语境中讨论中国的主体性认同与建构，关键问题是如何重新看待三重要素，并组织和重构三者之间的关系。这三重要素，一是前面所说 21 世纪以来越来越为人们所重视的古典文化传统，一是 19 世纪后期到整个 20 世纪的现代性经验，一是 21 世纪的当代性诉求。能够将当代性、现代性、古典性三者平衡统一起来的一个比较合适的概念，就是"文明"。

这是一个既新且旧的范畴。塞缪尔·亨廷顿在 20 世纪 90 年代初期就提出了"文明的冲突"，但当时的中国知识界还没有很充分地认识到"文明"的确切含义。布罗代尔在其文明史著作中，提到从 18 世纪特别是 19 世纪开始，"文明"才从形容词变成名词，并且是一个复数的名词。这个说法是值得反复琢磨的。所谓"文明"

作为形容词，指向的是一种"单数"的文明观，即就单个文明体内部而言，文明的出现意味着脱离低级、愚昧、野蛮，在这里文明本身包含着一种价值判断。但是，当 18、19 世纪资本主义体系进行全球扩张，原先自足自在的不同文明体发生碰撞时，就产生了作为名词的"文明"概念，它指向的是一种"复数"的文明观，即每个文明都有自己的价值体系，世界也不是单一的，而是由多个文明体构成。这种摆脱了西方中心主义的文明观，在 20 世纪 60 年代的全球史、新世界史著作，如布罗代尔的《文明史》、汤因比的《历史研究》、麦克尼尔的《世界史》、斯塔夫里阿诺斯的《全球通史》等中，就已经出现。其重要特点，是不再以民族国家或某些政治群体，而是以"文明"为单位来讲述世界史。

20 世纪八九十年代的中国知识界普遍把"文明"理解为形容词。如季红真将新时期文学现代化的基本内容，界定为"文明与愚昧的冲突"。其中，中国被潜在地指认为置身于文明（西方）世界之外的"落后国家"。但是到了费孝通提出"文化自觉"，特别是 21 世纪王铭铭等谈"超社会体系"，李零等从长时段中国视野重读经典、重新阐释历史地理空间等时，他们开始将"文明"视为名词，用以阐释"中国"。在他们的讨论中，文明既不是国家主义的，也不是民族主义的。"文明"大于"国家"，是对一种超大社会体的描述。但文明是有限的，有其地理范围与相对稳定的边界。同时，文明视野能打通古今，提供一种重新看待传统与现代关系的阐释，这也是所谓"同古今"。在这里，世界被认为是多元的，中国被承认为一种自足的文明体，它有自身的连续性传统，也能吸纳并转化其他文明的资源。对我而言，"文明"是一种描述"中国"的方式：一方面打通古今，将中国文明的内在逻辑打开；另一方面则是在世界史视野中确认"中国"主体性的轮廓与边界。

我将知识界与大众文化在阐释中国的思路上的这些变化概括为"文明自觉"。首先，"传统"或"古典"在这里开始作为一种重要的当代性因素，被纳入思考当代中国问题及重构中国的视野之中。此时，80年代那种将传统与现代对立起来的现代化逻辑就已经被超越了。这并不是拒绝现代化，导向"复古"，而是拒绝向已有的西方式现代化的目标与路径"单向集聚"，即在超越西方中心主义的前提下，站在21世纪的立场上，重新整合中国自身的资源，探索具有中国主体性的现代化方式。其次，这里对中国主体性的强调，不能简单说成民族主义或国家主义，而是一种文化主体性的建构，是从实质性的意义上探讨中国作为共同体存在的必要条件，以及全球化时代中国作为国家形态的存在方式。最后，"文明自觉"是一种实践性的诉求。它实际上在不同领域都已展开，只是人们尚未对此有充分的自觉意识，也缺少相应的理论化表述。

总之，将"中国"视为一个"文明（体）"，在"文明"的视野中重述"中国"的文化主体性，我觉得这是一种值得重视的21世纪中国前沿思想文化的范式性转变。

探索 21 世纪的中国研究新范式

张晋业：基于当代中国五个不同时段研究的已有成果，接下来您计划如何继续推进自己的思考？在研究重心上具体会有哪些调整？

贺桂梅：下一步的研究重点和研究计划，确实是我近两三年考虑的核心问题。五本书的写作，让我熟悉了当代中国的每个时段，将这些时段用一些宏观的线索或问题勾连起来进行研究似乎顺理成章，但这对我而言有些太过驾轻就熟。关键在于，理解当代中国七十余年的整体历程，并不等同于将五个不同时段简单叠加起来。不论是当代中国还是当代文学，它们始终是实践性的，是在不断推进且仍在展开中的，而非封闭性的、能用静态的结论予以归纳和概括的。

经过这几年的思考和反复尝试，目前我计划将后续的研究重心放在三个方面。

一是关于20世纪90年代及其开启的"长九十年代"的研究。狭义上的20世纪90年代，指的是从1989—1990年到2001—2002年这个时间段。这个时段中国社会和知识界初具雏形的现象与问题，有许多一直延伸至今。在这个意义上，从1990年到21世纪前两个十年的三十余年，或许可以宽泛地称作"长九十年代"。2023年或许会是这个"长九十年代"终结的一个时间节点。因此我考虑立足当下，回过头来重新讨论90年代。不仅讨论文学和文学体制，讨论电视剧、电影等大众文化及其市场机制，也讨论思想界和学术界的重要议题。

二是想用一种新的研究框架，我暂且将其称作文明史研究范式，来重新讨论19世纪后期以来的现当代中国文学，用学界当前通行的说法即"百年中国文学"。"百年中国文学"的核心主题是现代化，这个"现代化"到今天可以说已经完成。当前，我们需要探索的是一种既现代又超越西方式现代性的新的思路。我希望能够立足今天，对"百年中国文学"的现代化过程进行一种回顾性的总结、提炼和再阐释。这项研究的分量或许会比较重，也是继续挑战我既有知识结构的议题。

三是继续推进我的性别研究。

张晋业：您为什么会把性别研究作为未来研究的重点之一？近年来，中国乃至世界都兴起了新一波女性主义讨论热潮。在您看来，这一波关于性别议题的讨论热潮为什么会出现？是否存在某些限度？

贺桂梅：性别问题其实一直是我研究的一条重要脉络。20世纪90年代读硕士时我就参与到当时的"女性文学"热潮中，虽然博士论文转向了文学史研究，但我一直没有放弃关于性别议题与女性文学的讨论。2014年出版的论文集《女性文学与性别政治的变迁》，是对我的性别研究的一次总结，也勾勒出了20世纪中国文学研究不同时期主要性别议题的大致轮廓。目前初步成型的成果，是国家社会科学基金项目《女性镜像与当代中国的主体认同（1940—2010）》与在讲稿基础上正在修订的《二十世纪女性文学经典解读》。这本书之所以还在打磨而没有马上出版，是因为这些研究持续了较长时间，而我近年又有了些新的思考，之前部分写成的文章在问题意识与讨论思路上显得相对陈旧。我希望能做出进一步调整，并对其中所涉议题能有更为明晰深入、更具理论性的提炼概括。

的确，十余年来性别议题在中国几乎成了最受公众关注的热点。这是一个特别需要重视、值得深入讨论的现象，也是我选择将性别研究作为下阶段讨论重点的一个原因。我的一个判断是，从90年代开始，包括民族、阶级，特别是性别在内的族群身份，在中国社会越来越明晰地凸显出来。性别身份不同于民族、阶级等身份的地方在于，它涉及的人群范围最广，最具日常生活性，因而其政治影响力，或者说所能释放的社会动能也会更大。

性别议题在今日中国成为热点，不是一个简单的身份政治问题，而是和中国社会发展到今天，整个社会结构、人群组织、生活方式所发生的巨大变化有着非常密切的关联。这实际上也是一个世界性议题。一方面，社会发展到一定程度后，随着中产阶级群体扩大、生活质量提升，人们会越来越关注人的问题或日常生活的问题，提出越来越精细化的诉求。而女性可能在这方面是表现得最为急迫的，因为她们总是受到来自各方面的压抑与约束。虽然中国妇女解放运动提升了妇女在政治经济上的地位，也冲击了存在于文化观念中的性别刻板印象，但一些性别偏见在今天依然存在，它弥散在我们的日常生活，特别是情感交往这些更为细致的层面。随着社会进入现代化的成熟阶段，一同出现的还有出生率下降、人口数量下降、人口老龄化等社会问题。这些问题都呈现在日常家庭生活中，且很大程度上都是由女性来承担。所以，女性问题，从来就不单纯是女性个人或女性群体本身的问题，而与大的社会结构密切相关。探讨一种可能的思考方式与解决路径，既尊重女性的自主权利，又能回应大的社会问题，将二者协调起来，我觉得是特别需要重视的一个问题。

就当前这一波性别讨论热潮而言，存在着不少可以分析的地方。一是理论化不足及理论资源的局限性。这些讨论，许多还处在一种较为情绪化的状态，提出的问题也尚未得到有效的认知和探讨，缺少自觉的理论化提炼和建构。在理论资源上，这些讨论所倚重的主要是 20 世纪 60 年代以来的西方女性主义理论，并常常采用一种较为刻板化的女性主义或女权主义方式，即男女二元对抗的思路去回应问题，而背后的西方女性主义理论资源本身没有得到有效反省。另一个问题，我将其称作"历史的失忆"或"理论的失忆"。在中国，妇女解放运动从 19 世纪末期开始持续至今，已有一百余年历史。女性生存状态的讨论、女性权利的争取、女性文学的创作，实际上已经积累了很多经验，也形成了一些新的现代传统。今天人们谈论的许多性别议题，在此之前就已被提出并反复讨论，但很多人对此可能都不太了解，也不够重视。当我们只是提"女性主义"或"女权主义"这一西方式概念时，很容易忽视中国妇女解放运动的实践经验与理论资源，或是虽对其有所了解，但仍抱持一种刻板化、简单化的判断。

张晋业：谈及性别议题的理论资源，2022 年秋季学期您专门开设了女性主义理论导读课，选取多部理论经典进行研读。您并未选取近年来特别热门的一些女性主义学者如上野千鹤子等的著作，而是注重马克思主义女性主义、英美女性主义运动、女性主义与文学研究、女性主义理论的后现代新变等问题及相关著作。这些选择取向的内在考量是什么？

贺桂梅：这里其实没有特别明确的导向性，也不完全是出于我个人的偏爱。我的基本意图，是对女性主义和妇女解放问题提出以来的重要经典及其议题和解决方案进行重读。

这两年人们讨论性别议题时，上野千鹤子是被征引得最多的学者。她具有鲜明的女性主义批评立场和简洁明快地提出当代性问题的锐利风格，这是她引起人们关注的重要原因。不过在理论探讨的复杂性和深度上，她并不是最具代表性的学者。立场鲜明固然重要，但也容易导向一种刻板化、简单化的女性主义。我觉得比较有利于解决问题的女性主义立场，只有一条最为基本的原则，那就是以实现真正的性别平等为诉求，并在实践中探索如何在尊重性别差异的前提下追求性别平等。另外，上野千鹤子是社会学学者，她在讨论家庭、父权制等问题时，在理论上我觉得缺少一种细腻感，关于人文层面的讨论也不多。她最有新意的地方，在于发明了一些更具当代感的概念，如"厌女"等，来描述几千年来性别观念中的男女不平等，同时用一种更具当代感的表达，将此前女性主义理论曾讨论过但未得到社会关注的性别议题重新带回到人们的视野中。

在女性主义理论导读课上，我希望总体性地勾勒历史上不同脉络的女性主义理论与实践，分析其如何描述和批判歧视女性的社会文化现象，如何争取女性权利，如何构想一种更好更合理的未来性别关系与社会形态。我认为理论经典并不提供标准答案，应当重点阅读和思考的是它们提问、解答的方式，目的还是为思考当下中国的性别问题提供资源。

其中，马克思主义女性主义最早且最明确地站在女性立场，系统地分析了女性"第二性"位置的历史生成过程，从中提取并分析"家庭""私有制""国家"等造成女性问题的社会范畴，还提出了一些解决问题的可能方案。20世纪60年代欧美第二波女性主义浪潮，更多聚焦于有关文化问题的讨论，这些讨论剖析了女性某种无意识的自我压制，并有力冲击了社会普遍存在的关于性别的刻板印象。

但今天我们对于女性主义的讨论如果只是停留在这些层次，肯定是不够的。一方面，人们都意识到性别议题的重要性，其间存在的某种愤怒情绪是真实的。这种情绪，不仅源自消费社会条件下政治或经济层面上的性别不平等，也来源于弥散在文化、观念、情感这些更细腻的领域中的性别不平等、性别偏见、性别约束——它们以一些更精致的形态微妙地存在于我们日常生活的方方面面。另一方面，中国是具有独特性的。在共享世界女性主义普遍议题的同时，中国在一百余年的妇女解放运动实践中形成了一些具有借鉴意义的解决思路，需要我们重新将其理论化。

当然，性别问题不只是理论问题，但如果你没有办法在理论上把这些问题讲清楚，要推进相关的社会实践、展开更多的可能性探索，肯定是更困难的。

张晋业：接下来请您谈谈为什么会选择20世纪90年代作为下一阶段的又一探讨重心？对于转变中的当代中国而言，90年代及其开启的"长九十年代"处在怎样的位置？有着哪些特质？

贺桂梅：重新讨论20世纪90年代并将其与当下关联，首先是基于对我自身学术经历和个人记忆的总结与反思。在回顾自己已有研究的过程中，我重新翻阅了1999年完成的《批评的增长与危机》。这本书是我作为初学者的稚嫩习作，是从历史当事人的视角捕捉、描述当时的文学批评重要议题。重读旧作，我仿佛是忽然之间，才意识到我脑子里对90年代的印象还是比较固化的，可以说还停留在二十多年前，是未经反省的、没有跳出自我经验与记忆的一种自然状态。谈到90年代，我们就会想起八九十年代之交的社会震荡、知识界分化、工人下岗、亚洲金融危机等，好像那是一个充满忧患的混乱时期。另外，在重温《渴望》《编辑部的故事》《雍正王朝》等影响广泛的90年代电视剧时，虽然当时我对它们其实没那么投入，但这些电视剧的主题曲旋律，特别是那时的许多情绪性感觉还保留在记忆中。这也是作为亲历者，对于自己所生活的时代产生的许多难以被学术化、理论化的生活感受。

实际上，如果跳出我们曾经生活的历史，走出20世纪，站在21世纪重新回头看，从90年代开始的这个"长九十年代"可以说是当代中国非常重要的一个时段。我的《重述中国：文明自觉与21世纪思想文化研究》像是一份观察思考"长九十年代"思想文化的记录。在最初的思考中，我对于90年代以及"长九十年代"其实并没有太自觉的认识。从2015年开始，我几乎每年都会开设"21世纪中国文化热点"讨论课，和学生一起追踪探讨前一年出现的现象级文学作品、影视剧作、学术著作等。通过开设这门课程，我对21世纪文化现象，对于"长九十年代"中一些问题脉络与当下格局的形成过程，有了更具历史感的理解，也积累了很多材料和判断。

我的基本判断是，21世纪中国社会那些重要的政治经济格局、社会文化现象、思想学术议题等，源头都在90年代，而不是80年代。此前我们会有意无意地将80年代迄今的当代中国"后40年"放在一起来看，并将"后40年"与"前30年"对立起来，认为是从80年代开启了当代中国的后一阶段。站在21世纪的今天可以发现，虽然80年代急切地反思"前30年"，但这种反思还是在20世纪中国革命内部展开的，其理论资源、批判方式都主要来自社会主义中国文化自身。应该说这是一种自我批判，并且那种社会主义革命的精神气质依然存在。

　　可以说，80年代是整个20世纪中国革命的一个内在构成部分。如果谈论它和今日中国的关系，可以说这是一个"承上"的时段：它对当代中国的社会主义革命，包括整个"革命的20世纪"的主题，进行了一种自我批判与自我开放，并以这种方式将其承接到今天。但它并不是一个"启下"的时段，承担起这一功能的是90年代。原来我们会认为，90年代是80年代改革开放的深化与推进，是20世纪的尾声，但现在看来，90年代及其开启的"长九十年代"，具有不同于80年代乃至整个20世纪的内在逻辑和社会文化议题。90年代实际上开启的是一个新的历史阶段。在此意义上，八九十年代之交历史转折的意义可能要重于20世纪七八十年代之交的历史转折。80年代已经属于历史，但90年代与我们今天的现实仍有着密切关系。

　　基于这些判断，以及对我作为亲历者的历史经验与记忆的反省，我觉得重新研究90年代及其开启的"长九十年代"是必要的。杰姆逊说，我们只能通过"文本"才能到达"历史"，所有文本都是被书写的文本。但是，"历史"又不只是"文本"。亲历者的记忆，有一些是被书写的，是文本化的，也有一些是未被书写却仍旧存在着的，这些经验可以挑战或补充既有的书写文本。因此，我希望在超越历史当事人的限制的同时，将一些个人生命中携带的经验与记忆重新带入研究中。

在知识界特别是文学研究界，我发现近几年，人们也开始不约而同地重新开始关注 90 年代。这里涉及研究者或思想者群体的代际更迭。八九十年代出现并在较长时间主导历史舞台的一代人，今天多年逾古稀，他们多已进入完成历史使命、总结自身的阶段。而我在对"70 后"同龄人的观察中，发现许多人似乎仍旧停留于 90 年代的历史感觉，滞留于一种青春期式的对抗姿态，而没有意识到我们离开 90 年代也快三十年了。上代人的自我总结与我们这代人的自我反思，也为重新思考 90 年代及其开启的"长九十年代"提供了条件。

另外，我观察到当下的大众文化也开始重新讲述这段历史。比如 2022 年年初的《人世间》、年中的《漫长的季节》、年底的《风吹半夏》，以及 2023 年年初爆火的《狂飙》，它们都不再局限于讲述 80 年代或 20 世纪 50—70 年代的当代中国历史，而开始将 90 年代及其开启的"长九十年代"作为叙述对象。这其中也有 2020—2022 年三年带来的深刻影响。这三年较大程度地改变了中国人的精神状态，特别是感知现实与历史的方式。人们也许会越来越清晰地意识到我们再也回不到以前的状态了。三年前，我们的生活节奏都很快，生活感觉也很忙乱，似乎存在着无穷可能性。经过这三年，我们被迫有所停顿，同时也感觉到我们可以更为平稳地生活。从改革开放开始，中国经历了四十余年的发展，可以说已经"化成现代"。立足今天，在一种反思性的自我观察视野中，会发现 90 年代已成为历史，甚至 21 世纪的前两个十年也正在成为历史。

张晋业："重写当代文学史"，或更准确地说，生成一种新的理解中国与世界的方式、探索"当代文学史"乃至"百年中国文学史"的阐释新范式，似乎是贯穿您学术历程的一个重要诉求。这也涉及您下一阶段的又一研究焦点。能否请您谈谈对此的基本考虑？

贺桂梅："百年中国文学"的进程，实际上是一个中国文学的现代化过程。但只是采用这一现代化过程内部所产生的现代性范式，包括"启蒙"范式、"革命"范式、"现代化"范式等，肯定是不足以解释这一过程本身的。就好比你不能用你所追求的东西来解释你自己的经历，否则就会构成自我封闭的循环论证，而缺少一种将自我对象化的自觉反思。我在《"新启蒙"知识档案：80 年代中国文化研究》中也提到，用"新时期"这类 20 世纪 80 年代的自我表述范畴，来阐释 80 年代文学与文化的历史实践，这不是一种历史研究，而是一种社会实践或文化实践。对于"百年中国文学"的重新叙述，也应是一种更为历史化的讨论。"百年中国文学"从启动到发展，在 21 世纪已经完成了"现代化"的过程。站在 21 世纪的今天重新来看，现代性反而不是"百年中国文学"唯一的品格，"百年中国文学"所呈现出的最为突出的特质，是那些被现代性意识和追求所排斥的东西，这些东西实际上已包容、涵纳在了现代性建构之中。

因此，我们需要探索一种新的研究框架或范式，来重新讨论"百年中国文学"。大体上，我会将我所设想的新的范式，称作文明史研究范式。这也和我前面讨论的"文明"和"文明自觉"概念相关。这个范式是现代性的，同时又超越了那种西方式的、定型化的现代性想象，是一种更具包容性的现代性。也就是说，这个范式不能只是展示"百年中国文学"的现代化诉求、发展过程和具体历史样态，而应当呈现那些曾经被现代化意识排斥的因素如何实质性地参与到这百余年的中国文学的发展历程中。此外，这一范式不仅仅指向"百年中国文学"的构造过程，也应当指向涵盖了古代文学的中国文学整体，呈现出中国文学更为完整的面貌。这不是要用传统的"古典中国文学"来收容"百年中国文学"，将后者接续为前者的一个小尾巴，而是希望思考如何才能基于 21 世纪当代性建构的诉求，把"百年中国文学"视为中国文学整体中的一个非常重要的特定段落，对其进行更为历史化和理论化的探讨。如此，在这一百余年中国文学的现代化进程中，"百年中国文学"与"古典中国文学"二者的关系问题，就会变成一个需要重新考察的重要面向。

张晋业：从"文明"的视野重新理解"百年中国文学"，似乎也蕴含了您对于文学的根本性理解。您如何理解"文明"与"文学"之间的关系？您所说的文明史研究范式，并不简单导向"复古"，而始终包含着一种 21 世纪的当代性立场。那么，您又如何理解"20世纪（中国）"与"21 世纪（中国）"之间的关系？

贺桂梅：布罗代尔说，"文明"重叠着地理空间、经济形态、社会组织、精神文化等多重面向，不同文明体由于受到地理空间的限制，在经济形态、社会组织、精神文化等方面都各具特殊性，而最能够体现一个文明体特性的，是由宗教、典籍等所表达的精神结构。我想，对于 20 世纪中国而言，最能体现百年中国核心精神诉求的，可能是文学。这也需要我们对文学本身做出更为宽泛的理解。文学关涉人的内面，是精神性的表述，最能够触及人类的精神、心灵、情感，同时它又具有整全性，是文明体内在世界观与内在心态的表达形态，它拥有提供一种对于世界的整体理解并不断吸纳和借鉴他种文明的能力。在这里，"百年中国文学"不仅是一种形式创造，它在"百年中国"中承担起的是传统社会中宗教、典籍等所扮演的角色，它建构的是现代中国人的精神世界。

其中特别要提到传播媒介的问题。"古典中国文学"主要是一种文字的文学，它和士大夫阶层是关联在一起的。"百年中国文学"同样是文字的文学，这是其接续、传承"古典中国文学"的地方。但是，其作为现代性的文学与"古典中国文学"的断裂点在于，现代资本体系中印刷工业的出现，使得"百年中国文学"虽然仍然以文字为媒介进行精神表达，但在出版与传播机制、作家创作与读者阅读接受等方面，与"古典中国文学"有了根本性的不同，更不要说在想象人与世界二者关系的方式上所发生的变化。

20 世纪中国完成了国家和社会的现代转型，文学在其中扮演了至关重要的角色，但到 21 世纪，人们常常会说文学正不断"边缘化"，甚至说文学已经"终结"或"死亡"。这个说法是比较简单粗暴的，也不够准确。更为恰当的说法是，文学在 21 世纪已经不再是唯一的或最重要的组织和表达中国人精神状态的媒介了，但实际上文学还在持续。如果从叙事的角度来看，文学作为一种叙事方式在 21 世纪还是非常重要的，只是它与电影、电视剧等大众文化更密切地交融在一起。就像整个 21 世纪中国和 20 世纪中国的关系，或者是"百年中国文学"与"古典中国文学"的关系一样，今天的文学从自身特质，到存在方式、传播媒介，再到与国家的关系，相较于"百年中国文学"，既有延续，也发生了巨大变化。

这也涉及"20 世纪（中国）"与"21 世纪（中国）"的关系问题。显然，我现在的关注重心越来越放到了 21 世纪。这是因为，我们长久地站在 20 世纪内部思考问题，而 21 世纪早已到来。虽然表面上看，20 世纪的主题在 21 世纪不断浮现、绵延，但在政治、经济、社会、文化，特别是人的精神状态等方面，21 世纪已经呈现出诸多区别于 20 世纪、为其所不能覆盖的特质。强调 21 世纪不同于 20 世纪，当然包含着对于"革命的短 20 世纪"或者说社会主义实践本身的某些判断。这并不是简单地说革命已经过去了，而是想去探索这样的问题，即如果今天依然能够展开社会主义革命实践的话，那么这种社会主义革命实践在 21 世纪应该是怎样的样态。这需要我们真正勾勒并认识 21 世纪的现实状况，并在此基础上讨论未来。20 世纪的重要价值，也应当经由对 21 世纪中国人的当代性判断，才能真正绵延到现在。

中国故事与人文学的想象力

张晋业：前面谈了您近年的研究情况与未来的研究设想，从中可以看出您从事当代中国与文学研究的风格，也可以看到您对何谓"学术"、为何"学术"等基本问题的理解。在我看来，您的研究不是纯粹的文学研究，而是跨学科地探讨文学问题。因此，不少读者会觉得很难把握您的研究领域。您如何理解自身这种学术风格？这种风格的养成有哪些历史性契机？

贺桂梅：以不同代际的学者以及"70后"同代学者为参照，我发现我的研究方式还是挺特别的。我的研究有专业基础，但并不仅仅局限在纯粹的文学专业里面。对我来说，讨论一个文本、一个作家、一种文学史现象，并不满足于仅仅围绕这些对象做材料整理与分析判断，也不满足于仅停留于文学专业领域与文学研究者对话。我会进一步去追问，这些文学的问题，是如何在某些社会结构、历史语境等制约性因素中产生的，它的动因与问题意识是什么，这样一个社会结构包含了当代中国哪些阶段性的总体特点等。我希望能够把文学的问题放到一个更大的场域中展开，去追问文学问题的根源，这样才能将研究的视野与格局充分打开，回应包含文学但又不限于文学的更多问题。

回过头想，我的这种思想追求、思考视野、研究风格，确实与我求学期的氛围有关。用一个不太准确的说法，这里包含着一个"1990原点"。20世纪90年代的十年刚好对应着我的整个求学生涯或者说学术青春期。90 年代是一个思想界十分活跃，分歧也非常大的时期。当时对我影响最大的是"新左派"与"新自由派"之争。实际上用"左"与"右"这种提法描述这场论争并不合适，造成分歧的真正问题是如何解释 90 年代后期的中国社会，特别是市场化与全球化，其中应该予以批判的对象是什么。这场论争，包括我所接触到的文化研究的亚际批判知识圈，都会启发我去思考，如何才能通过学术与思想的方式与社会现实产生互动。所谓互动，就是认识现实，以不同方式介入并改变现实。对我而言，这可能是我领悟到何谓"学术"、为何"学术"从而真正成为"学者"的开悟时刻。论文写作是一种"技术"，可以通过学院体制内的专业训练习得，但感受到从事学术研究的深层动力，将学术研究作为认识自我、认识中国、认识我们所生活的世界并介入现实的方式，这是 90 年代给予我的最大馈赠。

但这个"1990 原点"也有其局限。最大的问题是，90 年代知识界多是在"左"与"右"的维度上思考问题，而实际上，中国问题还包括"古"与"今"、"中"与"外"、"一"与"多"、"上"与"下"、"心"与"物"等多个维度。关于 20 世纪 80 年代为什么要"新启蒙"，40—50 年代的转型与社会主义的确立是如何展开的，40—70 年代社会主义实践与人民文艺实践的进程存在着哪些经验教训，这些是于 90 年代提出但并未被深入讨论的问题。我是在完成我的当代中国分段研究的五本书后，才意识到自己的学术研究存在着这样一个"1990 原点"。通过这些年的研究，我早已走出了这个原点。这可以说是"走出 20 世纪"，而后真切地"进入

21世纪"，并重新思考中国现实和中国问题的过程。

　　张晋业：我留意到，作为文学研究者，您虽然强调关注当代中国与文学问题所处的全球格局、政治经济条件、社会历史情境，但您始终不是像社会科学研究者那样直接进入这些层面讨论，而坚持以"文学"或更广义的"叙事"作为探讨的中介。其中您的考虑是什么？

　　贺桂梅：以文学研究为"中介"，这是比较准确的表述。我有比较多的机会和社会科学的学者在一起讨论问题，虽然我认为自己还是比较熟悉社会科学的相关表述且与他们共享着相同或相近的问题意识，但我始终还是会从文学这个角度来讨论，否则我与他们就没有任何差别。我关注"中国"、关注"思想"，文学研究始终能够为我提供一个坚实的支点。这也会让我反过来意识到文学的独特性所在。

　　文学区别于其他学科、区别于其他叙事媒介的最大特质，在于它能够从内部，精神性、主观性地创造一个整体的世界，而这个世界又与外在的现实世界有着密切的互动关系。历史学关注一些具体的历史对象，对其进行考辨；哲学更关注一些抽象的、超越时空的根本性问题；社会学关注的是某些社会群体、社会结构，即人与人之间的关系；人类学则倾向于将某个群体作为"他者"，展开有距离的反思；政治学关注的是权力结构和权力机器的运作……相较于这些学科，文学是叙事性的，其内在的整全世界包容、涵纳了不同学科所讨论的内容。相较于其他叙事性媒介如电影、电视剧等，文学是以文字而非图像或声音为主要载体，与人的自然化语言表达、思维方式或精神世界，存在着更为密切的内在关联。

但文学或一个叙事性文本从来不是自动"敞开"的。我们在阅读一部作品时，能够从这个文本里看到更丰富的内涵，能够将其内在的世界完全打开，这并不是通过文学阅读的技能训练就能做到的。我以前用过"先走出去、再返回来"的说法，来描述这一将文本打开的过程。所谓"先走出去"，指的是我们不应只是关注文本的形式，也要关注它的形式与内容所共同塑造的那个世界。要打开这个文本内部的整全世界，不能只是停留在纯粹的文学视野中，而必须对与之互动的文本外部的现实世界有更为理性的认识，此时社会科学能够为我们提供更为丰富的视角与途径。所谓"再返回来"，这个说法其实并不是特别准确。我想强调的是，尽管我们借助社会科学打开了视野，但在讨论的时候，最终还是要立足于文本，以文学问题或叙事问题为切入点展开讨论。这不是说"回到文学本身"或强调"语言是存在之家"，更确切地说，是要回到以文学为代表的叙事行为（也更广泛地包括电影、电视剧，甚至思想或理论），去探讨，在文学的内在整全世界与外部现实世界的互动过程中，文学表达了什么及其所能够承担的功能是什么。一方面，文学或叙事呈现现实世界的状况与问题；另一方面，文学或叙事也用自己的方式参与着对现实世界的建构。如果只是将文学作为历史研究、社会研究的材料，那么实际上被忽略的是文学介入、参与、改造、建构现实的能量。

张晋业：除了关注中国问题和文学或叙事问题，您也特别关注思想问题，这也使得您的研究带有比较鲜明的理论色彩。那么，您如何理解学术、思想和理论之间的关系呢？

贺桂梅："思想"是我的研究的又一关键词，它不完全等同于学术。学术有其体制，也有一套规范，比如材料是否扎实、注释是否准确、论述是否周全，等等。但思想不同，它是一个活的东西，它不只是关注某些观念的内涵，而且特别强调人与其所处现实世界之间的互动。在这里，实践的面向被凸显出来了。我并不满足于将我的研究仅仅定义为学术，因为我并不只是用一种技术化的表达方式，去言说一个想法、一个观点。我更愿意说，我的研究是用"学术"的方式去探讨"思想"。

在我的研究中，很多人会辨识出比较强烈的理论色彩。这也不是我刻意追求的，我特别不愿意从某些理论出发去裁剪文学与文化现象。因为思想本身就意味着一个研究者需要不断去反思如何与自己所置身的现实发生互动关系，这就会衍生出很多问题，而思考、回应这些问题时，需要借助一些具有概括性的模型，理论正是能够帮助我们阐释问题的诸多模型。思想本身是很宽泛的，而理论会使思想具有某种概括力，从而更具有效性。在我看来，传统思想史研究的局限，在于他们总是预设某些提问方式，或认为某些问题是有效的，而提问方式、所提出的问题、判断标准本身等，没有得到彻底的追问。只有在不断追问的过程中，理论的意义才能凸显出来。理论具有自反性，具有对思考问题的模式、讨论问题的范畴、解决问题的模型等的有限性的自觉反思。换言之，理论是思想的某种"工具"或"模型"。

张晋业：在我的理解中，"想象力"或许是把握您的学术风格的关键词。从您几本自选集的书名如《人文学的想象力》《打开文学的视野》《打开中国视野》等，也可窥见您对这一范畴的重视。另外，对于研究者的人文修养与主体境界的思考，也是贯穿在您近年研究中的一条线索，可否也请您谈谈这些方面的考虑？

贺桂梅：就我的学术研究总体来看，"想象力"确实是一个经常会提到的范畴。最初提出这个概念，是受 C. 赖特·米尔斯《社会学的想象力》的启发。他说"想象力"是一种能力，它能够让人将个人的甚至是私密的困扰，与结构性的公共议题建立起联系。也就是说，"想象力"是一种既立足于个人，又超越个人的思考能力。但米尔斯说的只是一种方法，而且他始终是在个人与社会的二元对抗关系中谈问题，但人和世界从来就不只是对立的，人可以成为世界的理解者与推动者，人的主体精神世界也是可以不断提升的。实际上，我借助"想象力"所想要谈的东西，指向一种人文学或人文研究的更高境界。

我理想中的学术研究，研究者个人的能动性，应当放在重要位置。无论谁做学术、怎样做学术，最终是由研究者个人来完成的，她/他是全部问题的起点，是全部活力与创造性的来源。很多时候人们为了追求学术的客观性，反而对此避而不谈，但学术与思想研究恰恰因为研究者的能动性才能持续推进。如果研究者个人缺少这种能动性的自觉，可能会陷入技术性的规范与操练中。这当然也不是说要将学术与思想变为完全个人化而缺少公共性的表达，而是去思考如何既能立足于研究者的个人修养、能动性，又能推进学术与思想研究的发展，推进公共议题的讨论。强调研究者个人的能动性并不会让研究回缩至个人主义或主观主义，因为个人的修养、视野、格局是可以随着认识与实践的过程而不断扩大和提升的，最终可以达到一种"忘我"而更具包容性的高境界。

如果我们的学术研究工作是有价值的，那么这种价值不只是技术性、工具性的价值，不只是一种知识的积累传播或理论的操演，这些都是第二性且容易达成的。学术研究的价值更在于，应当能够让我们具备一种能力，认识外在世界，并将外在世界不断转化为我们内在的精神构成，从而在人格修养和主体境界上有所提升。而后，我们能反身去把握我们所置身的世界，小到学术规范、职业伦理、教育机制、学院体制，大到社会、国家、区域、全球，去思考我们作为具有能动性的个体能够在其中做些什么，进而依托这些或微观或宏观的体制"机器"，将学术与思想研究转化为一种社会实践，以此来回应现实、介入现实。这种精神性的诉求并不容易达成。

这是我用全部学术实践在推进思考和反复体认的问题，也是我在近年人文教育实践中希望能够分享给学生的。不过，实际的情况往往是"术"可传而"道"难传，每个个体的情况都有所不同，所能达到的程度也有高低之分，其中没有一定之规。关键是要生成主体能动性，我想这才是人之为人更为根本的东西。特别在今天，我们面对的是空前发展的媒介革命、空间革命与新技术革命，这一点显得更为重要。

这也是我近些年比较关注"修养"和"境界"理论的原因。冯友兰在《贞元六书》中建构"新理学"时，特别强调中国哲学区别于西方哲学的最大特点，在于它强调主体的境界与修养，并且认为这种内在境界是可以不断提升的。近年来我借助一些作家作品，来讨论自己对于人文修养"见自己""见天地""见众生"三重境界的理解，也是想表达类似的观点。

实际上，这也是马克思主义辩证法或实践哲学的要义所在。我们谈"理论和实践结合""主体与客体统一"，这种"结合"与"统一"所导向的"一"放在什么地方？实际上在实践的过程中，在无数个瞬间，那个"一"最终体现在作为个体与群体的实践者身上。我们从现实经验或前人研究中得出一些理论性结论，这些理论只有被实践者吸收了，才可能转化为一种社会实践，而在社会实践中我们又能够提炼出新的理论，如此循环上升。

将人或者说实践者，放到核心的位置，这是我谈论"人文学的想象力"的特点。我相信，其中也蕴含了今天人文研究的重要意义与价值。

（《当代文坛》2023 年第 4 期）

附录：学术纪事

1970 年

出生于长江中游平原的农村家庭。父辈是从湖南迁移到湖北长江故道垦荒的农民。湖南人聚村而居，俗称"湖南棚子"。一河之隔，对岸是湖北人。在语言混杂的环境中长大，在家说益阳话，出门说长沙话，和湖北人说汉川话。上高中以后，自以为说的是普通话，到了北京才知道是湖南普通话。

出生前，父母都认定我是个男孩，导致我出生后他们有点失望。以假小子身份长大，不喜女孩的身份和游戏，男孩擅长的抓鱼、爬树、赌纸牌、打架等活动，样样精通，在当地颇有名气。

1978 年

9 月，在路边河沟里抓鱼时，遇到婶婶带着堂妹去开学报到。

于是，自作主张也要上学。掰着手指头通过老师的算术入学考试，正式成为一名小学生。

1979 年

10 月，写平生第一篇作文，题目是《我家的小黄猫》。最好的朋友是我家的猫和狗，喜狗甚于养猫。至 15 岁离家去外地求学之前，养过三四条狗。放学回家，我的狗远远地迎出来，激动地摇着尾巴和我嬉戏，或在田野里一起狂奔，是童年的愉快记忆。

1980 年

秋季，父亲给我买了平生第一本属于我的书《千家诗》，并教我用湖南腔吟诗，模仿着写古体白话打油诗。课余喜读《西游记》《水浒传》《三国演义》，也读冯梦龙的"三言""二拍"。直至上大学前，都不读《红楼梦》。

1983 年

9 月，入镇中学成为初中生。语文老师是文学青年，给我买了精美的日记本，要求每天写一篇作文给他看，也把他的枕边书《红与黑》借给我读，希望把我培养成"作家"。完全读不懂《红与黑》。

中学时，两个姐姐都在专科学校读书，是文学社团的活跃分子。她们带回家的文学刊物和书籍，是我的心爱之物。读泰戈尔《飞鸟集》，冰心《春水》《繁星》，屠格涅夫《爱之路》，当代朦胧诗，开始自己写诗和写小说。

1985 年

9 月，因热衷写作，耽误了学习，被二姐转入她任教的另一所镇中学读书，开始了规规矩矩的应试学习生活。课余给女朋友写长信，是最大的乐趣。

1986 年

9 月，考入湖北省鄂南高级中学读高中。第一次离家，在没有亲人的环境中求学，颇感寂寞。继续写诗，是学校文学社团的主将，喜写朦胧体的诗。开始长跑，加入学校田径队，主攻 1500 米、3000 米长跑，曾多次参加湖北省中学生田径赛和市马拉松比赛。学校所在地是咸宁地区温泉，有山名潜山，山下有温泉。每周六绕山越野长跑。周日翻过海拔百多米的小山峰，到山那边的市图书馆借书。在那座不大的图书馆里，翻阅各种文学、哲学、历史类图书，喜欢罗曼·罗兰的《约翰·克利斯朵夫》和马可·奥勒留的《沉思录》。

1989 年

7 月，参加高考。考前参加湖北省咸宁地区中学生田径赛。考后开始混乱的青春期。

8 月，接到北京大学中文系的录取通知书，同时接到通知去石家庄陆军学院军训一年。

10 月，包里装着《约翰·克利斯朵夫》，到石家庄陆军学院报到。在军校学会了整理内务、站军姿、走正步和步枪射击等。周末，曾到市区百货商场义务劳动，到郊区小学担任辅导员等。课余时间主读《毛泽东选集》和卡尔·冯·克劳塞维茨的《战争论》。

1990 年

5 月，随 1989 级军训学员一起步行拉练数日。夜半时分翻越太行山顶，到达终点西柏坡。行走在太行山间，山河壮阔，印象颇深。

6 月，军训结束，集体入北大。第一次到北京，进入向往已久的燕园。

9 月，正式开始在北大的本科生活。加入学术类社团学海社，经常在社团刊物上发表哲学类随感；加入艺术类社团口琴队，高中时无师自通的业余爱好，开始得到较为规范的专业训练。

1991 年

专业选定中国文学方向。喜读沈从文、曹禺、北岛、舒婷、苏东坡，读钟嵘的《诗品》，同时读存在主义文学哲学，特别是加缪的散文、黑塞的小说、里尔克的诗歌，也读村上春树、米兰·昆德拉，读刘小枫的《诗化哲学》、周国平的《诗人哲学家》等。

1993 年

获得北大中文系硕士研究生保送资格，选择中国当代文学专业，主动要求洪子诚老师做导师。

1994 年

2 月，发表第一篇学术论文《新话语的诞生——重读〈班主任〉》（《文艺争鸣》1994 年第 1 期）。文章本是张颐武老师课程上的作业，经张老师改题后发表。

4 月，在陈连山、盛双霞老师带领下，随十多名同学到安徽贵池实习。那是一个位于长江中下游北岸的小县城，多山，民风喜唱。听了许多民歌和传说故事。坐江轮到武汉返京时，立在船头，江风浩荡，两岸山水如画，颇感慨青春岁月的流逝。

5 月，完成本科毕业论文《1940 年代沈从文创作研究》，主要分析《烛虚》《看虹录》《七色魇》。指导老师是方锡德老师。他帮我改错别字，教我如何做注释，提醒我如何论述严密。第一次懂得学术规范的含义。

7 月，本科毕业。

9 月，正式开始硕士阶段的学习。在洪子诚老师指导下，接受更为规范的学术训练，学会观点有出处，使用第一手材料，有意识地克服"读后感式"的论文写作。协助洪子诚老师编选《中国当代文学史料选（1948—1975）》《二十世纪中国小说理论资料（第五卷）1949—1976》。开始到北大图书馆的地下阅览室，查找和翻阅第一手报刊资料。窗外夏日蝉蜕，秋意渐浓，室内清凉幽静，拂去旧纸上的灰尘，感到心灵渐渐平静。那是我真正进入学术研究的时刻。

本年，认识同期进入硕士阶段学习的王风、萨支山、姚丹、李宪瑜，和被调剂到西方语言文学系的吕文娜，形成六人组"吃喝团"。

经常一起上课，课后聚餐，海阔天空瞎聊，学术谈得不多，话题杂七杂八，乐此不疲。导师们无奈，称我们是"烟酒生"。偶尔入圈的郑勇美其名曰"四美具，二难并"。经常聚会后已是午夜，一群人嘻嘻哈哈骑车穿过北京街头或北大校园，空气中春意荡漾，是青春岁月中关于友谊的美好记忆。

1995 年

3 月，选修戴锦华老师的"女性文学研究"课程，开始阅读从庐隐到王安忆的女作家作品，也读波伏娃、伍尔夫、西苏等的西方女性主义理论。此后，选修了戴老师的所有课程，包括"中国电影史""影片精读""文化研究的理论与实践"等。和几位朋友一起，渐成戴老师的"铁杆粉丝"，常常一起吃饭、看剧、买碟、交流。这些经验对我的思想发展起了极大的作用。

7 月，加入戴老师主持的"文化研究工作坊"，是工作坊的早期成员之一。每周参与工作坊的讨论，并自觉系统阅读当代西方文化理论，开始了有意识的"语言学转型"。弗雷德里克·詹姆逊的《后现代主义与文化理论》《政治无意识》，特雷·伊格尔顿的《二十世纪西方文学理论》，雷蒙·威廉斯的《文化与社会》，路易·阿尔都塞的《意识形态和意识形态国家机器》，安东尼奥·葛兰西的《狱中札记》，米歇尔·福柯的《词与物》《疯癫与文明》《规训与惩罚》等，是这一阶段的重要读物。

8 月，发表第一篇关于女性文学研究的论文《性别的神话与陷落：关于九十年代女性文学和女性话语的表达》（《东方》1995

年第 4 期）。这本是洪子诚老师开设的"当代文学研究专题"的课程作业。我选择当时已成热点现象的女性文学话题，开始阅读林白、陈染、徐小斌、翟永明、王安忆、铁凝、蒋子丹、徐坤等的作品，将自身的性别感受融入其中。完成论文的同时，也有了某种性别自觉，感受到通过学术研究对自我经验进行分析的学术魅力。

9 月，选修钱理群老师主持的"四十年代小说研读"课程。在课上完成《沈从文〈看虹录〉研读》，于次年经钱老师介绍发表(《中国现代文学研究丛刊》1997 年第 2 期）。课上所研读的篇目都经钱老师精心选择，多是当时尚未受到研究界重视的经典篇目。课上发言讨论的同学，除已是老师的吴晓东，还包括在读的叶彤、郑勇、姚丹、萨支山、李宪瑜等。研讨文章于 1999 年结集出版为《对话与漫游——四十年代小说研读》，成为此后较长一段时间经常被提及的 20 世纪 40 年代文学研究的代表性著作。上课时间是晚上，地点是老中文系的五院会议室。秋夜，室外凉风习习，室内灯光明亮，讨论者唇枪舌剑，"打"得十分热闹。钱老师静静地听，眯着眼睛，有时我们疑心他是不是睡着了。但他经常会瞬间睁开眼睛，侃侃而谈，给出精辟的评点与总结。

1996 年

5 月，开始参加谢冕、洪子诚老师主持的"批评家周末"。活动隔一周举行一次，选定一个与当时文学文化现象相关的话题，于周六日展开讨论。印象深刻的话题有：何谓"人文精神"，20 世纪文学经典，"小女人散文"，电影《廊桥遗梦》，贾樟柯电影《小武》等。参与者除北大中文系的研究生和访问学者，也有京内的活跃的批评家。讨论结束后，一起吃饭聚餐，气氛活跃更甚于讨论时。我是其中表现优异者，经常负责联系吃饭地点，被谢老师戏封为"北大周边饮食文化研究博士生导师"。

本年开始准备报考博士研究生，系统地复习文学史、文学理论的专业知识。

1997 年

4 月，通过博士研究生考试，继续跟随洪子诚老师攻读博士学位。

7 月，完成硕士学位论文答辩，论文题目是《90 年代女性小说研究》。答辩委员会成员是洪子诚、赵祖谟、曹文轩、戴锦华老师。

9 月，正式攻读博士研究生。此前多次参加当代文学特别是女性文学批评的讨论，渐渐感到倦怠。决意博士期间选择自认为更厚重的文学史研究，将关注范围放在当代文学史，尤其是 20 世纪 80 年代。

10 月，洪子诚老师找我，提及社科院文学所的杨匡汉老师要主持编写一套"90 年代文学观察丛书"，计划共有十本，涵盖小说、诗歌、散文、女性文学、都市写作、母语写作等。其中，文学批评研究这本尚无人认领，问我是否愿意写。于是，有一年多的时间，主要精力都在收集、整理与"文学批评"相关的 20 世纪 90 年代的资料，不久开始投入写作。当时租住在北京林业大学的教师宿舍区，第一次体会到坐在满室满屋的资料堆里写作的滋味。

1998 年

年初，开始构想博士论文选题。考虑到 20 世纪 90 年代文学的诸多问题都是从 20 世纪 80 年代延伸出来的，并且本人对思想史研究感兴趣，便自作主张以"80 年代文学与五四传统"作为初步题目。

5 月，借调到中央电视台《半边天》栏目，担任电视专题片《20 世纪中国女性史》的总撰稿人。有半年时间，半封闭式地租住在西直门附近一间旅馆中读书和写作，参与电视片制作。其间，阅读了大量中国妇女史的史料和著作。

6—8 月，长江大水，我的出生地嘉鱼县受到全国关注。第一次在电视上看见家乡。自此，假日回家，开始有意识地了解县城的日常生活和经济状况。

11 月，到北京北兵马司胡同的小剧场看孟京辉导演的《一个无政府主义者的意外死亡》。自此，每次打车都坐在副驾驶座，和司机聊天，心里觉得这也是对劳动者的尊重和关注。

12 月，开始关注知识界的所谓"新左派"与"新自由派"之争。这也成为与朋友聚会时饭桌上经常讨论的话题。第一次体验到因观点分歧产生的情绪冲突，有时为此不欢而散。

1999 年

3 月，第一本学术著作《批评的增长与危机》由山西教育出版社出版。

7 月，韩国朋友白元淡来京。她是中韩建交后首批来北大的韩国交换生，当时是延世大学的博士研究生。1993 年第一次来京时，我是她的汉语辅导老师。她经常用笨拙的汉语，连说带写地和我交流中国知识界的诸多话题。时隔六年，她已在韩国圣公会大学任职，汉语已经好到基本能和我讨论学术问题。我们互相交流本国知识界的话题，我开始获得一种跨国性视野来理解自己的成长经历。她走后，我在三天内完成一篇近十万字的自传长文《一份重新理解左翼文化的心路》。

8月，洪子诚老师的《中国当代文学史》出版。洪老师从1993年从日本回国后开始构想并写作本书。写作后期，洪老师生病，我协助查找和整理资料，并模拟他在《中国当代文学概观》中的内容，执笔完成女性文学、20世纪90年代散文等三章内容。后在修订过程中，此三章都经洪老师全部重写。

10月，参加由陈平原老师主持的20世纪中国文化研究中心成立大会暨学术研讨会。中心的主要成员有乐黛云、谢冕、严家炎、孙玉石、陈平原、钱理群、温儒敏、洪子诚、胡军、欧阳哲生等。撰写会议综述《跨学科视域中的20世纪中国文化研究》。与王风、吴晓东、陈泳超一起，担任中心学术集刊《现代中国》的编辑。

11月，获评北京大学首届研究生"学术十杰"。

12月，参加戴锦华老师主持的文化研究国际学术研讨会，提交论文《世纪末的自我救赎之路——1998年"反右"书籍热的文化分析》。会议地点在北京燕山大酒店，参会者有李陀、刘禾、蔡翔、王瑾、汤尼·白露、陈光兴、陈清侨、刘健芝等。第一次参加国际学术研讨会，既作为会务人员也作为参会者，忙碌而兴奋，印象深刻。参会论文经蔡翔老师介绍，修改后发表于《上海文学》2000年第4

期，是第一篇正式发表的文化研究论文。

2000 年

7月，完成博士论文《80年代文学与五四传统》答辩，答辩委员为洪子诚、赵园、戴锦华、曹文轩、程光炜等老师。因对论文思路和结构不满意，博士论文一直未出版。十年后，完成在此基础上重写的《"新启蒙"知识档案：80年代中国文化研究》。

8月，正式留北大中文系当代文学教研室任教。

9月，首次讲授"中国当代文学"课程。第一次当老师，心情紧张，花大量时间备课，主要依照洪子诚老师《中国当代文学史》的框架和内容，编写了近二十万字的讲课稿。同时担任2000级年级主任和文学班班主任。和学生们在一起，经常难辨师生，学生呼为"大贺"。周末常请班级干部吃饭，学生们胃口奇好，西门外的旺福楼饭馆里，金银小馒头一次就得点五六盘。

10月，洪子诚老师计划组织一套"当代文学与文化研究丛书"，邀请戴锦华、孟繁华、李杨、陈顺馨、周瓒、萨支山、陈阳春等，在北大勺园对面的淮扬轩聚餐。当时文化研究已广受关注，丛书计划用文化研究的方法处理当代文学史的重要问题，得到大家的积极响应。我认领了关于20世纪四五十年代转折期研究的题目，并开始着手查找资料，阅读作家作品。不久，形成以代表性作家个案探讨转型期文学与思想问题的思路，最终选定萧乾、沈从文、冯至、丁玲、赵树理五个作家。

2001 年

7 月，某日外出，心思恍惚，踩在马路牙子上崴了脚，致使小脚趾骨裂。打上石膏，拄着拐杖上课、吃饭，三月有余。自此，放弃业余长跑。也因此有更多时间专心写作，于 2002 年年初完成关于 20 世纪四五十年代转折期研究的书稿。

12 月，到韩国首尔（当时名"汉城"），参加中日韩三国学者联合组织的"东亚知识共同体论坛"。参会论文《当代中国人文思想分化的要素及其过程》，后发表在韩国釜山的《文学评论》（Korean Critical Review）杂志。第一次出国，感受到作为东亚发达国家的韩国独特的社会氛围。参会期间，集体观看李沧东导演的电影《薄荷糖》，欣赏韩国民族音乐剧"潘索里"，也在仁寺洞见识民族特色商品。从此，有较长一段时间关注"韩流"，花时间集中看过李沧东、姜帝圭、林权泽、金基德、朴赞郁等多位导演的电影。

2002 年

7 月，受上海社科院陈慧芬老师邀请，参加女性文学与学科建设学术研讨会，参会论文《当代女性文学批评的三种资源》于次年发表在《文艺研究》第 6 期。

8 月，到海口参加由《天涯》杂志主办的"文化研究与文本解读"学术研讨会，参会人员有韩少功、李陀、蔡翔、刘禾、孔见、旷新年、罗岗、倪伟、倪文尖等。会议倡导对大众文化文本进行新的解读，于是以当时热播的电视剧《激情燃烧的岁月》为对象，撰写《以父、家、国重述当代史——〈激情燃烧的岁月〉与红色怀旧》。

9月，首次在北大中文系为本科生开设"40—50年代作家研究"课程，选课学生主要是我担任班主任的文学班的学生。学生作业主要关注沈从文、冯至及巴金、老舍等。此后，开设本课多轮。自 2010 年以后，学生作业关注的对象逐渐转向赵树理、丁玲。

10月，在北京大学参加陈平原、王德威主持的"大众传媒与现代文学"国际学术研讨会，参会论文《90 年代的"女性文学"与女作家出版物》于次年发表在《现代中国》第三辑。

2003 年

3月，"当代文学与文化研究丛书"出版。我的书稿经与孟繁华老师商量，定名为《转折的时代：40—50 年代作家研究》。同时出版的有孟繁华的《传媒与文化领导权》、李杨的《50—70 年代中国文学经典再解读》。

7月，到北京延庆郊区一所宾馆，参加中国社科院文学研究所现当代室联合北大中文系现当代文学教研室组织的"40—70 年代文学研究：问题与方法"学术会议，参会人员有洪子诚、钱理群、赵园、赵京华、张中良、杨联芬、吴晓东、赵稀方、萨支山等。次年在《中国现代文学研究丛刊》上发表相关笔谈。

9月，在北京大学参加由陈平原、王德威主持的"北京：都市想象与文化记忆"国际学术研讨会，参会论文《九十年代小说中的北京记忆》于次年发表。

2004 年

6月，在《转折的时代：40—50年代作家研究》中研究丁玲的两章内容的基础上，重写并发表《知识分子、女性与革命——从丁玲个案看延安另类实践中的身份政治》（《当代作家评论》2004年第3期）。此文也曾于2003年发表于韩国《黄海文化》（Hwanghae Review）杂志。之后的几年中陆续完成与丁玲相关的论文《知识分子、革命与自我改造——丁玲"向左转"问题的再思考》（2005）、《"革命＋恋爱"模式解析——早期普罗小说释读》（2006）、《"延安道路"中的性别问题——阶级与性别议题的历史思考》（2006）等。

8月，被聘为北京大学中文系副教授。

《南方文坛》杂志发表一组笔谈，围绕《转折的时代：40—50年代作家研究》和《文化的转轨——"鲁郭茅巴老曹"在中国（1949—1976）》（程光炜著，光明日报出版社，2004年）两本书展开讨论，讨论者为洪子诚、王光明、程光炜、姜涛、刘复生、贺桂梅。

10月，在《上海文学》杂志推出论文小辑，发表笔谈《在历史与现实之间》、论文《挪用与重构——80年代文学与五四传统》。自此，明确将对20世纪80年代文学与五四传统的研究重心放在当代，聚焦关键概念，探讨80年代的六个文学与文化思潮。初步形成《"新启蒙"知识档案：80年代文化研究》的思考框架，开始集中精力写作。此后几年中发表的《先锋小说的知识谱系与意识形态》（2005）、《"纯文学"的知识谱系与意识形态——"文学性"问题在1980年代的发生》（2007）、《想象"文化中国"的方法——"寻根"思潮的知识谱系与意识形态》（2008）、《1980年代"文化热"的知识谱系与意识形态》（2008）、《"十九世纪的幽灵"——80年代人道主义思潮重读》（2009）、《80年代、"五四"传统与"现代化范式"的耦合——知识社会学视角的考察》（2009）、《"20世纪中国文学"论与现代文学学科体制》（2010）等，都成为书稿中的章节。

10月，受王中忱老师邀请，到湖南常德临澧县参加丁玲一百周年诞辰国际学术探讨会。第一次参加中国丁玲研究会组织的会议。

2005 年

8月，在《南方文坛》杂志发表评论小辑，收入《人文学者的想象力》、论文《三个女人与三座城市——世纪之交"怀旧"视野中的城市书写》和蔡翔老师所写的《贺桂梅印象》。第一次提出"人文学的想象力"。

12月，论文集《人文学的想象力——当代中国思想文化与文学问题》由河南大学出版社出版。此书收入了我有关20世纪80—90年代思想史研究、当代文化研究与文学史研究的三部分论文。根据博士论文章节改写或重写的几篇重要论文，都列入此书中。

2008 年

1月，儿子出生。初为人母，重新理解生活，调整生活节奏，适应规律作息，同时学会处理日常人际关系，和孩子一起感受到一种牧歌般的生命安宁感。

论文集《历史与现实之间》由山东文艺出版社出版。

4 月，恢复学术写作，完成《重读浩然："金光"或"魅影"之外的文学世界》（《南方文坛》2008 年第 4 期）。

完成《"新启蒙"知识档案：80 年代中国文化研究》，年底定稿。

2009 年

6 月，受刘慧英老师邀请，到华东师范大学参加女性文学与性别研究议题的小型研讨会，与毛尖、张炼红、董丽敏等上海朋友熟识。后在《中国现代文学研究丛刊》（2010 年第 3 期）上发表《"可见的女性"如何可能：以〈青春之歌〉为中心》。

9 月，获批教育部青年基金项目"从'中国气派'到'文化寻根'——当代文学的民族性建构及其文化认同"。自此主要精力转向研究 20 世纪 40—70 年代。开始大量阅读与"民族形式"问题相关的社会科学理论，重点阅读费孝通、王铭铭、汪晖、李零、许倬云、黄仁宇、费尔南·布罗代尔、本尼迪克特·安德森、厄内斯特·盖尔纳、艾瑞克·霍布斯鲍姆、安东尼·D. 史密斯等人的著作。

2010 年

3 月，专著《"新启蒙"知识档案：80 年代中国文化研究》由北京大学出版社出版。

8 月，在《天涯》杂志发表《作为方法与政治的整体观——解读汪晖的"中国问题"论》。文章写作动因是在此前《天涯》杂志组织的学者研究专栏发表过讨论王晓明老师的《1990 年代中国危机与知识分子主体的重建》（2009 年第 3 期）。

4 月，到上海参加由《南方文坛》与中国作协合办的"70 后学者暨《中国在梁庄》学术研讨会"。第一次参加同龄人以代际为主题组织的研讨会。会后在《南方文坛》（2011 年第 1 期）发表笔谈《文学批评的"想象力"》和《激活历史经验与学术知识的力量——解读刘复生》。

2011 年

3 月，在较为广泛的跨学科阅读基础上，围绕中国叙述问题，完成长文《"文化自觉"与世纪之交的中国叙述》。此文以社会科学界的前沿性研究成果为对象，重点关注知识界建构中国认同的理论转型，首次将"文化自觉""中国文明"作为理论性问题提出。同时开始构想一本研究 21 世纪中国叙述的书。

9 月，以交换教学的教师身份，抵达日本神户，在神户大学任教一年。在神户大学人文学部讲授"中国当代文学经典""中国女性电影""中文写作"等课程，同时在神户大学国际部担任汉语教师。其间，认识人文学部研究生团阳子，周末和假期一起结伴在关西地区旅游，开始写文化随笔。

10 月，到日本福冈参加日本中国学研究年会，认识不少日本中国学界的朋友，初步了解日本中国学界的状况。

11 月，经滨田麻矢老师介绍，受日本中国文艺研究会邀请，在立命馆大学做主题为"1940—50 年代转折期的中国文学研究"讲座。认识了关西文艺研究会的朋友们，有机会在会后参加喝酒的"一次会"直至"四次会"。

2012 年

5 月，到日本东京大学参加由日本中国思想史研究会主办的国际学术研讨会，参会者有柄谷行人、汪晖、张旭东、尾崎文昭、村田雄二郎、绪形康等，提交会议论文《"文化自觉"与世纪之交的中国叙述》。

7 月，和团阳子一起，从神户出发，坐电车历时一天到达东京。游览东京、镰仓等地的多个景点一周。其间，在东京大学东亚文化研究所做"21 世纪中国叙述的理论问题"的主题讲座。

8 月，结束在日本的一年交换教学。

2013 年

6 月，"女性镜像与当代中国的主体认同（1940—2010）"获批国家社科基金一般项目。这是在神户大学讲授的"中国女性电影"课程基础上构想的题目，以当代中国电影、小说、戏剧中的九种女性形象为对象，从性别研究角度探讨不同时期的中国认同问题。

9 月，在中文系开设"当代文学与当代史"课程，选择代表性的小说、电影、戏剧、电视剧文本，讨论当代中国六十余年历史中，知识分子、工人、女性、农民等主要群体的叙事变迁。此后开设三次该课程，计划将讲稿出版，尚未完成。

2014 年

3 月，两本主题论文集《女性文学与性别政治的变迁》（北京大学出版社）、《思想中国：批判的当代视野》（广东人民出版社）出版。

8 月，两年前在日期间写作的学术随笔，在编辑王振峰的积极推动下，定名为《西日本时间》，由生活·读书·新知三联书店出版。

2015 年

8 月，被聘为北京大学中文系教授。

10 月，入选教育部首届青年人才计划。

2016 年

1 月，在海南大学人文与传播学院短期班授课，主题为"短 20世纪的文学与革命"，以丁玲与周立波、赵树理与柳青两组作家为例，讲授左翼文学在 20 世纪的变奏形态。此次讲座，也为正在写作中的《书写"中国气派"：当代文学与民族形式建构》充实了内容。

7 月，受中国赵树理研究会会长赵魁元的邀请，将有关赵树理的论文结集为《赵树理文学与乡土中国现代性》，由北岳文艺出版社出版。

2017 年

4 月，论文自选集《打开文学的视野》，纳入孟繁华主编的"70年代作家大系"，由山东文艺出版社出版。

9—10 月，接受北京大学国际合作部"北京大学新中国留华校友口述实录丛书"项目组邀请，带领研究生倪文婷一起采访在京的美国历史学家舒衡哲。舒衡哲是中美建交后第一批来华的官方访问学者之一，1979—1980 年间在北大中文系学习。采访稿经整理后，定名为《回家的路 我与中国：美国历史学教授舒衡哲口述》，于次年 5 月出版。

2018 年

6 月，编选的《"50—70 年代文学"研究读本》由上海书店出版社出版。此书以我为研究生开设过多轮的"20 世纪 50—70 年代文学专题"课程讨论为基础，选入 20—21 世纪之交以来学界的最新研究成果。

本年集中精力完成《书写"中国气派"：当代文学与民族形式建构》的书稿。

2019 年

6 月，国社科基金项目"女性镜像与当代中国的主体认同（1940—2010）"完成结项。

10 月，"20 世纪中国女性文学经典重读研究"获批教育部后期资助项目。该项目的成果书稿是在为中文系本科生开设过多轮的课程"20 世纪中国女性文学精读"的讲稿基础上完成的。目前仍在修订中。

2020 年

10 月，专著《书写"中国气派"：当代文学与民族形式建构》由北京大学出版社出版。

10 月，论文集《打开中国视野：当代文学与思想论集》由北京大学出版社出版。

2021 年

3 月，专著《"新启蒙"知识档案：80 年代中国文化研究》修订后由北京大学出版社重版（第 2 版）。

9 月，专著《时间的叠印：作为思想者的现当代作家》由生活·读书·新知三联书店出版。此书在《转折的时代：40—50 年代作家研究》的基础上经过大幅度修订和改写，因此重起了书名。

2022 年

12 月，《阐释转变的 21 世纪中国：二十年思考札记》，发表于《美学研究》2022 年第 1 期创刊号。

本年主要修订关于 21 世纪中国思想文化研究的文章，整理成书稿，定名为《重述中国：文明自觉与 21 世纪思想文化研究》，于 2023 年由北京大学出版社出版。